日本語能力試験

JLPT

Japanese-Language
Proficiency
Test

公式問題集

N2

音声CD
1枚付

JAPANFOUNDATION 国際交流基金

JEES 日本国際教育支援協会

にほんごの 凡人社
BONJINSHA

はじめに

　日本語能力試験は、日本語を母語としない人の日本語能力を測定し認定する試験として、国際交流基金と日本国際教育協会（現日本国際教育支援協会）が 1984 年に開始しました。以来、関係者の皆様のご支援を得て、日本語能力試験は世界最大規模の日本語の試験に成長しました。1984 年には 15 か国で実施され、約 7,000 人が受験しましたが、2011 年には 62 か国・地域で実施され、約 61 万人が受験しています。

　日本語能力試験は近年、さまざまな変化を経て現在に至っています。2009 年には、それまで 12 月に年 1 回実施していた試験を、7 月と 12 月の年 2 回としました。また、2010 年には、2005 年から多くの専門家のご協力を得て進めてきた試験の改定作業が完了し、新しい「日本語能力試験」を開始しました。現在までにすでに 4 回の試験を実施し、世界中で延べ約 122 万人が受験しています。

　試験の改定内容については、2009 年に、『新しい「日本語能力試験」ガイドブック』と『新しい「日本語能力試験」問題例集』としてまとめ、公開しました。それに続き、このたび、受験者と関係者の皆様のより一層の便宜をはかるため、問題集を発行することにしました。
　本書の構成・内容は次のとおりです。

1. 問題集は、「Ｎ１」、「Ｎ２」、「Ｎ３」、「Ｎ４」、「Ｎ５」の５冊に分かれています。

2. 試験問題は、今の試験１回分に相当する数で構成されています。試験の練習に使えるよう、問題用紙の表紙と解答用紙のサンプルを掲載しています。

3. 聴解の試験問題用のＣＤを添付しています。また試験問題の後にスクリプト（音声を文字にしたもの）を掲載しています。

4. 『新しい「日本語能力試験」ガイドブック』公開以後の情報を含む、今の試験についての最新情報を、「３　日本語能力試験の概要」として掲載しています。

　この問題集が、国内外の多くの日本語学習者の助けとなれば幸いです。

2012 年 3 月

独立行政法人　国際交流基金　　　　　　　　公益財団法人　日本国際教育支援協会

目<ruby>もく<rt></rt></ruby> 次<ruby>じ<rt></rt></ruby>

1

<ruby>試<rt>し</rt></ruby><ruby>験<rt>けん</rt></ruby><ruby>問<rt>もん</rt></ruby><ruby>題<rt>だい</rt></ruby>

N2

言語知識（文字・語彙・文法）・読解

（105分）

注　意
Notes

1. 試験が始まるまで、この問題用紙を開けないでください。
   Do not open this question booklet until the test begins.

2. この問題用紙を持って帰ることはできません。
   Do not take this question booklet with you after the test.

3. 受験番号と名前を下の欄に、受験票と同じように書いて
   ください。
   Write your examinee registration number and name clearly in each box below as
   written on your test voucher.

4. この問題用紙は、全部で31ページあります。
   This question booklet has 31 pages.

5. 問題には解答番号の 1 、 2 、 3 … が付いています。
   解答は、解答用紙にある同じ番号のところにマークして
   ください。
   One of the row numbers 1 , 2 , 3 … is given for each question. Mark your answer in
   the same row of the answer sheet.

受験番号　Examinee Registration Number	

名 前　Name

問題1 ＿＿＿の言葉の読み方として最もよいものを、1・2・3・4から一つ選びなさい。

1 ずっと好調だったのに、最後の試合で敗れてしまった。

1 たおれて　　　2 やぶれて　　　3 みだれて　　　4 つぶれて

2 この仕事には高い語学力が要求される。

1 ようきゅ　　　2 よっきゅう　　　3 ようきゅう　　　4 よっきゅ

3 友達の合格をみんなで祝った。

1 いわった　　　2 いのった　　　3 うらなった　　　4 ねがった

4 寒かったら、エアコンの温度を調節してください。

1 ちょうさい　　　2 ちょうせい　　　3 ちょうさつ　　　4 ちょうせつ

5 この書類を至急コピーしてきてください。

1 しっきゅう　　　2 ちっきゅう　　　3 しきゅう　　　4 ちきゅう

問題2 ＿＿＿＿の言葉を漢字で書くとき、最もよいものを1・2・3・4から一つ選びなさい。

6 ハトは平和の<u>しょうちょう</u>だと言われている。

1 像徴　　　　2 象微　　　　3 象徴　　　　4 像微

7 退院しても、しばらくの間、<u>はげしい</u>運動はしないでください。

1 険しい　　　2 激しい　　　3 暴しい　　　4 極しい

8 携帯電話に友達の電話番号を<u>とうろく</u>した。
けいたいでん わ

1 登録　　　　2 登緑　　　　3 答録　　　　4 答緑

9 岡田さんを話題の映画に<u>さそっ</u>た。
おか だ

1 招った　　　2 勧った　　　3 請った　　　4 誘った

10 待ち合わせの時間を6時に<u>へんこう</u>してもらった。

1 変改　　　　2 変更　　　　3 変換　　　　4 変替

問題3（　　　）に入れるのに最もよいものを、1・2・3・4から一つ選びなさい。

11 彼は医学（　　　）ではかなり知られた存在だ。

1 界　　　　　2 帯　　　　　3 域　　　　　4 区

12 決勝戦で負けて、（　　　）優勝に終わった。

1 後　　　　　2 準　　　　　3 次　　　　　4 副

13 （　　　）段階では詳細は決まっていないらしい。

1 現　　　　　2 直　　　　・3 近　　　　　4 当

14 今回の大臣の訪問は（　　　）公式に行われた。

1 不　　　　　2 未　　　　　3 無　　　　　4 非

15 わが社の今年の（　　　）売上は、昨年を上回った。

1 集　　　　　2 総　　　　　3 合　　　　　4 満

問題4 （　　　）に入れるのに最もよいものを、1・2・3・4から一つ選びなさい。

16 さまざまなデータを（　　　）した結果、事故の原因が明らかになった。

　1　視察　　　　　2　検査　　　　　3　発明　　　　　4　分析

17 街_{まち}を（　　　）していたら、山本_{やまもと}さんに会った。

　1　ぐらぐら　　　2　がらがら　　　3　ばらばら　　　4　ぶらぶら

18 祭りの日は町が（　　　）にあふれている。

　1　活気_{かっき}　　　2　活発_{かっぱつ}　　　3　活躍_{かつやく}　　　4　活動_{かつどう}

19 コピー機に紙が（　　　）、出てこない。

　1　もぐって　　　2　つまって　　　3　しずんで　　　4　うまって

20 この小説は今の時代を（　　　）した作品だ。

　1　反映　　　　　2　放映　　　　　3　引用　　　　　4　採用

21 田中_{たなか}さんは長い間（　　　）窓の外を見ていた。

　1　ぼんやり　　　2　ふんわり　　　3　うっすら　　　4　しっとり

22 経済だけでなく、法律にも詳しいのが彼の（　　　）だ。

　1　深み　　　　　2　強み　　　　　3　高み　　　　　4　重み

問題5 ＿＿＿＿の言葉に意味が最も近いものを、1・2・3・4から一つ選びなさい。

23 このブームは長くは続かないだろう。

　1　効果　　　　　2　状態　　　　　3　流行　　　　　4　緊張

24 この作業は慎重にやってください。

　1　急いで　　　　2　絶対忘れずに　3　静かに　　　　4　十分注意して

25 シャツがちぢんでしまった。

　1　小さくなって　2　古くなって　　3　汚れて　　　　4　破れて

26 宿題のレポートはほぼ終わった。

　1　すべて　　　　2　すぐに　　　　3　だいたい　　　4　やっと

27 来週は天気が回復するそうだ。

　1　あまり変わらない　　　　　　　2　変わりやすい

　3　よくなる　　　　　　　　　　　4　悪くなる

文字・語彙

問題6　次の言葉の使い方として最もよいものを、1・2・3・4から一つ選びなさい。

28　方針

1　台風の方針がそれたので、特に被害は出なかった。

2　私の今年の方針は漢字を600字覚えることだ。

3　この料理を作る方針を教えてください。

4　教育に関する政府の方針が大きく変わった。

29　範囲

1　この町は川によって二つの範囲に分かれている。

2　この会社は新しい範囲に進出した。

3　明日は広い範囲で強い雨が降るでしょう。

4　家から駅までの範囲は2キロぐらいだ。

30　せめて

1　その店のセーターはせめて1万円はするだろう。

2　今からタクシーに乗っても、せめて10時には着けない。

3　京都（きょうと）に行くなら、せめて1泊はしたい。

4　先週のテストは自信がなかったが、せめて50点は取れた。

31　利益（りえき）

1　ジョギングは健康の利益（りえき）になる。

2　この値段で売ったら、店の利益（りえき）はほとんどない。

3　かぜ薬を飲んだが、利益（りえき）が感じられない。

4　バスの利益（りえき）は、新幹線（しんかんせん）よりも料金が安いことだ。

32　かなう

1　苦労がかない、彼は俳優として成功をおさめた。

2　天気予報がかない、今日は一日中快晴だった。

3　準備を重ねてきたイベントが無事かなった。

4　自分の店を持つという夢が、とうとうかなった。

問題 7 次の文の（　　　）に入れるのに最もよいものを、1・2・3・4から一つ

選びなさい。

33　A「もう無理だよ、私には5キロなんて走れないよ。」

B「まだ500メートルだよ。なんでそうやってすぐ、もうだめ（　　　）言うの。」

1　を　　　　　　2　は　　　　　　3　とか　　　　　　4　とは

34　あれこれ悩んだ（　　　）、ABC大学を志望校に決めた。

1　さきに　　　　2　すえに　　　　3　ところに　　　4　とおりに

35　プリンターの調子が悪くなり、製造会社に電話で問い合わせたら、向こうの担当者に、

あれこれ質問に答え（　　　）あげく、対応できないと言われた。

1　させた　　　　2　させられる　　3　させる　　　　4　させられた

36　面倒だが、やはりこの仕事は断れない。引き受ける（　　　）。

1　までもあるまい　　　　　　　　2　こともない

3　はずもない　　　　　　　　　　4　しかあるまい

37　山田監督の、「私、山田は、50年ぶりにふるさとに戻って（　　　）。」というあい

さつに、会場からは大きな拍手が起こった。

1　まいりました　　　　　　　　　2　いらっしゃいました

3　うかがいました　　　　　　　　4　おいでになりました

38　彼女の絵は、国内より（　　　）海外での評価が高い。

1　まさか　　　　2　たとえ　　　　3　むしろ　　　　4　かりに

39　今年も卒業生を送り出した。次に会うときには、彼らも立派な大人に（　　　）。

1　なるだろう　　　　　　　　　　2　なっただろう

3　なっているだろう　　　　　　　4　なっていただろう

40 毎日（　　　）どちらでもいいことばかりを日記に書いているのだが、それがストレス解消になっている。

1　書くとも書かないとも　　　　　2　書いたか書かなかったか

3　書いても書かなくても　　　　　4　書くとか書かないとか

41 顔を洗うときには、せっけんを（　　　　）、さっと洗うのが肌にはよい。

1　使いすぎずに　　　　　　　　　2　使うにすぎず

3　使うにすぎなく　　　　　　　　4　使いすぎもなくて

42 留学するまで、私は自分が見ている世界がすべてだと思っていた。実はそれが世界のほんの小さな一部分（　　　）気付いていなかった。

1　でないことにしか　　　　　　　2　でしかないことに

3　にないことでしか　　　　　　　4　にしかないことで

43 （会社で）

A「あれ？　あそこにいるの、山田さんかな。」

B「山田さんは出張中だよ。今ここに（　　　）。」

1　いないわけじゃないよ　　　　　2　いるわけないじゃない

3　いたわけじゃないよ　　　　　　4　いなかったわけじゃない

44 A「このタレント、最近よくテレビで見るね。」

B「ほんと。この人を見ない日はない（　　　）よね。」

1　と言ってもいいぐらいだ　　　　2　と言ったらいいだけだ

3　と言ってもいいからだ　　　　　4　と言ったらいいことだ

問題8 次の文の ___★___ に入る最もよいものを、１・２・３・４から一つ選びなさい。

（問題例）

あそこで _____ _____ ___★___ _____ は山田さんです。

1　テレビ　　　　2　見ている　　　3　を　　　　　　4　人

（解答のしかた）

1．正しい文はこうです。

> あそこで _____ _____ ___★___ _____ は山田さんです。
>
> 　　　1　テレビ　　3　を　　2　見ている　　4　人

2．___★___ に入る番号を解答用紙にマークします。

　　　　　　　（解答用紙）　　| （例） | ① | ● | ③ | ④ |

45　不調だった山中選手がついにゴールを決めた。彼に _____ _____ ___★___ _____ 相当あったはずだ。

1　したら　　　　　　　　　　2　という

3　プレッシャーは　　　　　　4　「もし、またミスをしたら」

46　「これは地元ではよく知られた料理で、このすっぱさがおいしい。ただ _____ _____ ___★___ _____ 増えていることだね。」と田中さんは語る。

1　なんていう　　　　　　　　2　残念なのは

3　若者が最近　　　　　　　　4　すっぱいのが苦手だ

文

法

47 忘れられないプレゼントは、小学生のときに両親が買ってくれた自転車です。苦

しい生活の中、＿＿＿＿ ＿＿＿＿ ★ ＿＿＿＿ 涙が出ます。

1 それだけで 2 どんな思いで

3 買ってくれたのかと 4 思うと

48 最近、子どもがピアノを習いたいと言いだした。わたしは、子どもが ＿＿＿＿

＿＿＿＿ ★ ＿＿＿＿ と思っている。

1 したい 2 やりたい 3 やらせて 4 と思うことは

49 国民の、政治 ＿＿＿＿ ＿＿＿＿ ★ ＿＿＿＿ 政治家は指導力を発揮できるのだ。

1 初めて 2 に対する 3 があって 4 信頼

文
法

問題9　次の文章を読んで、文章全体の内容を考えて、[50]から[54]の中に入る最もよいものを、1・2・3・4から一つ選びなさい。

以下は、雑誌のコラムである。

日本の鉄道ファン

　鉄道ファンとは、鉄道が好きで鉄道に関することを趣味にしている人たちのことだ。鉄道ファンは単に「鉄」と言われたりもする。日本では、これまでは「鉄」といえば男性だと思われていたが、近年は女性のファンが急増しているらしい。

　ところで、彼ら鉄道ファンたちは[50]趣味を楽しんでいるのだろうか。

　一言で鉄道ファンといってもその趣味の内容は多種多様だ。そして、電車に乗るのが好きな「鉄」は「乗り鉄」というように、それぞれその内容に対応した呼び名がある。「乗り鉄」[51]、写真を撮るのが好きな「撮り鉄」、車両や鉄道がある風景を描く「描き鉄」、鉄道の模型が好きな「模型鉄」などだ。

　ある40代の「乗り鉄」の女性は鉄道の魅力を[52]語る。「窓の外の風景をながめていると旅の気分が味わえるし、車と違って座っているだけで目的地に着けるのがいい」。「模型鉄」である30代の男性は、模型の魅力について「車両の形を見ているだけでうっとり。本物は買えないけど模型なら買えるし」と説明する。

　また、最近急増している女性ファンには「ママ鉄」も多い。電車を見たがる子どもを連れて電車を見に行くうち、自分も鉄道ファンになってしまったという人たちだ。[53]の特徴は、他の「鉄」とは異なり、ホームではなく、電車が見えるところにある公園やレストランなど、子どもと一緒にゆっくり過ごせる場所で電車を見るという点である。

　鉄道ファンにはいろいろなタイプがあり、楽しみ方も[54]。

50

1　それほど　　　2　どのように　　　3　それでも　　　4　どちらの

51

1　にかわって　　　2　によって　　　3　のうえ　　　4　のほか

52

1　こう　　　　2　そう　　　　3　同様に　　　　4　以上のように

53

1　鉄道ファン　　　2　女性ファン　　　3　彼女たち　　　4　大人たち

54

1　さまざまだ　　　　　　　　2　さまざまだと言われた

3　さまざまである点だ　　　　4　さまざまだと思われている

問題10 次の(1)から(5)の文章を読んで、後の問いに対する答えとして最もよいものを、1・2・3・4から一つ選びなさい。

(1)

　マスコミで毎日のように環境問題が取り上げられているが、本当に「環境問題」と言っていいのだろうか。

　地球温暖化にしろ、森林破壊にしろ、エネルギー資源の不足にしろ、これらはどれも人類によって起こされた問題である。しかし、このような問題を環境問題と呼ぶことで、人は無意識のうちにその問題から目をそらしているのではないか。むしろ「人間問題」と呼ぶことで自分の問題としてとらえることになり、未来の環境を変えることができるのではないだろうか。

（注）森林破壊：森林が壊されて少なくなったりなくなったりすること

55　筆者は、なぜ環境問題を「人間問題」と呼んだほうがよいと考えているか。
1　環境は人間にしか変えられないから
2　良い環境を必要としているのは人間だから
3　人間が責任を持って考えるべき問題だから
4　人間の生活に多大な影響を与えている問題だから

(2)

以下は、ある会社が出したメールの内容である。

お客様各位

いつも「ジミック」のプリンターをご愛用いただき、ありがとうございます。

さて、弊社では、お客様がプリンター用インクを追加購入なさる際に、定価の 5％引きでお求めいただいておりますが、この7、8月中に購入のお申し込みをされたお客様には、さらにお得な特別割引価格でお届けいたします。この機会にご利用いただければ幸いです。詳しくはホームページをご覧ください。

http://www.jimmickjp.com

今後とも「ジミック」の製品をご愛用くださいますようお願い申し上げます。

（注）購入する：買う

56 この会社の割引サービスについて正しいものはどれか。

1 「ジミック」のプリンターを使っている人は、7、8月中だけインクを5％引きで買うことができる。

2 「ジミック」のプリンターを使っている人が7、8月中にインクを注文すれば、5％引きより安く買うことができる。

3 「ジミック」のプリンターを7、8月中に買う人は、インクを5％引きより安く買うことができる。

4 「ジミック」のプリンターを7、8月中に買う人がインクを一緒に注文すれば、どちらも5％引きで買うことができる。

読解

(3)

　恐れてはいけないとか、不安を持ってはいけないとか言われることがあるかもしれない。

しかし、恐怖や不安は、車にたとえればブレーキである。車の安全にとって重要なのはア

クセルではなく、ブレーキなのだ。アクセルをふかしてスピードを出すことより、危険

を察知してブレーキをかけて止まったり、スピードを落としたりすることで事故は防げる。

その意味で、ブレーキのない車を走らせることはできないのだ。われわれ人間も恐怖や不

安という名のブレーキを使って、自分たちの安全に役立てることが大切だ。

（広瀬弘忠『人はなぜ危険に近づくのか』講談社による）

（注1）アクセルをふかす：アクセルを強く踏んでエンジンを速く回転させる
（注2）〜を察知する：〜に気がつく

57 筆者は、恐怖や不安をどうとらえているか。

　1　恐怖や不安は、安全性の向上を妨げる。

　2　恐怖や不安を感じることが、安全につながる。

　3　恐怖や不安を取り除くことが、安全に役立つ。

　4　恐怖や不安があるうちは、安全とは言えない。

(4)

人に強い影響を与えるのは大部からなる作品とは限りません。何気なく読んだ、たった一
言に心打たれることもあります。そして、書物を越えて、私たちは世の中のあらゆるでき
ごとについても同じように、そのときどきに応じた深度で読んでいるのです。つまり、読
みとろうと思えばどんなできごとからでも「自分にとって意味あること」を読みとれると
いうことではないでしょうか。学ぼうとする姿勢があれば何からでも価値あることが学び
とれるのだとつくづく私は思うのです。

（村田夏子『読書の心理学―読書で開く心の世界への扉』サイエンス社による）

（注1）大部：書物の冊数やページ数が多いこと
（注2）何気なく：はっきりとした目的や理由を持たないで

58 人に強い影響を与えるのは大部からなる作品とは限りませんとあるが、なぜか。

1 強い影響を与えるかどうかは、読み手の姿勢で決まるものであるから

2 どのような作品でも、読めば読むほど強い影響を受けるものであるから

3 人々にどのような影響を与えるかは、書物によってそれぞれ異なるから

4 書物だけでなく、世の中のできごとからもさまざまな影響を受けているから

(5)

　ぼくはいつも思うのだが、視覚にとらえたものをただ単に描いても、決して絵画にはならない。視覚のかなたにかくされているものをとらえて、それを画面に定着させたとき、はじめて絵画が誕生する。絵画とは目の前の自然を心のなかに消化し、それをもう一度吐きだす作業によって生まれるのだ。そうすることによってはじめて普遍的な美の世界が出現するのだと思う。だから芸術というものは、理屈では解決できないものなのだ。理屈を超えたところに本当の美がある。

（石本正『絵をかくよろこび』新潮社による）

（注1）かなた：向こう
（注2）普遍的な：広くすべてのものに共通して見られる
（注3）理屈：論理的な説明

59　筆者が考える絵画とはどのようなものか。

　1　目で見たものを想像力で補い美しく描き表したもの

　2　目で見たものを心のなかに感じ取って描き表したもの

　3　目の前に存在しないものを想像しながら描き表したもの

　4　目の前にあるものをできるだけ現実に近づけて描き表したもの

読

解

問題11 次の(1)から(3)の文章を読んで、後の問いに対する答えとして最もよいものを、1・2・3・4から一つ選びなさい。

(1)

　「日本の消費者は世界一、目が肥えている」という言葉には２つの意味がある。第１は機能や味などへの要求水準が高いこと。第２には、わずかな傷も許さないなど見た目へのこだわりだ。

　消費者は後者のこだわりを捨てつつある。それでは消費者は嫌々「傷物」に目を向け、我慢して買っているのか。必ずしもそうではない。

　衣料品や家具などでは中古品市場や消費者同士の交換が盛んだ。再利用でごみが減り、環境にもいい。商品の傷も前の使用者のぬくもりとプラスにとらえる感性が若い人を中心に広がっている。

　規格外の農産物も似ている。ごみになるはずのものを安く使い、エコロジーと節約を両立させることに、前向きの価値を見いだしているのではないか。不ぞろいな野菜は、むしろ手作り品を思わせる長所。消費者の新たな価値観に、企業がようやく追いついてきた。

　市場が広がれば、粗悪品や不良品が出回る可能性も高まる。なぜ安いのか。本来の価値は損なわれていないか。企業の責任は重い。消費者にも「厳しい目」をきちんと持つことが求められる。

（日本経済新聞2009年８月27日付朝刊による）

（注１）目が肥えている：よい物を見慣れていて、物の価値がわかる

（注２）ぬくもり：あたたかい感じ

（注３）感性：感じ方

（注４）規格：基準

（注５）粗悪品：粗末で質が悪いもの

60 以前と比べ、消費者はどのように変わったか。

1 商品の機能や味を重視しなくなった。

2 商品の機能や味を重視するようになった。

3 商品の傷などの見た目を気にしなくなった。

4 商品の傷などの見た目を気にするようになった。

61 筆者は、消費者の意識の変化をどのようにとらえているか。

1 少しぐらい質が下がっても、安いほうがいいと考えるようになった。

2 ものに対する要求水準が下がって、どの商品にも価値を認（みと）めるようになった。

3 多少問題があっても、環境のために我慢（がまん）するほうがいいと思うようになった。

4 今まで問題があると思われたものにも、違った価値があると思うようになった。

62 追いついてきたとあるが、企業がどうなってきたのか。

1 見た目にこだわらなくなった。

2 環境への責任の重さを感じ始めた。

3 消費者の厳（きび）しい目を意識するようになった。

4 消費者の意識の変化をくみ取るようになった。

（2）

　私はどちらかと言えば根が楽天的だが、昔は営業の強烈なノルマに苦しんだこともある。
そういう日々の中からいつしか身につけたことのひとつが「幸せ感のハードルを低くす
る」だった。

　たとえば、あと一歩のところで契約が結べなかった日、会社に戻ってしょげかえる代わ
りに「あの社長と一時間も話せるところまできた」と自分の成果を見つけて評価する。そ
うやって一日を締めくくれば、明日への活力も湧いてきた。

　仕事そのものも、「仕事は趣味や遊びとはちがう。仕事はお金をもらうのだから、楽し
くないことがあっても当たり前」と思ってやってきた。そこを基準にすれば、少々のこと
は当然のこととして受け入れられるし、何かいいことがあったときは「お金をもらいなが
らこんな気持ちを味わえるなんて」と幸せ感も倍増する。

　どうせ人生の一定の時間を仕事に費やすのなら、その時間が楽しいと思えるほうがいい
に決まっている。それに楽しいと思ってすることは、何かとスムーズに運び成果もあがる
ものだ。こうして好循環が生まれてくる。

　人は楽しいから笑顔になるのだが、「まず笑顔をつくると、それによって楽しい気持ち
が湧いてくる」という研究結果があるという。これにならえば、充実感を得られる仕事を
手にするには、楽しめる仕事を探すのも大事だが、小さなことでも楽しめるようになるこ
とも意外にあなどれないポイントだ。

（高城幸司『上司につける薬！―マネジメント入門』講談社による）

（注１）強烈なノルマ：厳しい条件で課される仕事

（注２）ハードル：ここでは、基準

（注３）しょげかえる：ひどくがっかりする

（注４）締めくくる：終える

（注５）あなどれない：軽視できない

63 ①いつしか身につけたことのひとつの例として近いものはどれか。

1 ピアノの先生には何も言われなかったけれども、自分ではうまくひけなかったので
次はもっと頑張（がんば）りたいと思う。

2 パーティーの準備をするのが大変だったけれども、みんなが喜んでくれたのでまた
ぜひ開きたいと思う。

3 強いチームが相手で試合に勝てなかったけれども、得点を入れることができたので
よかったと考える。

4 何かを買おうと思っていたわけではないけれども、ちょうど気に入った服が見つ
かったのでよかったと考える。

64 ②そことは何か。

1 仕事には苦労があるものだということ

2 仕事をすれば何かいいことがあるということ

3 仕事ではお金をもらうのが当然だということ

4 仕事はうまくいかなくて当たり前だということ

65 この文章で筆者の言いたいことは何か。

1 仕事も精一杯頑張（がんば）ればそれだけ充実感を得ることができる。

2 仕事もまず表情を意識することで楽しい気持ちが湧（わ）いてくる。

3 自分が本当に好きな仕事であれば笑顔で楽しむことができる。

4 小さいことに喜びを持つことで楽しく仕事ができるようになる。

（3）

　たとえば、「走る」ことは、一見単純で誰にでもできる運動ではあるが、「速く走る技術」となると、なかなか身につけることが難しい。教えられたように走るフォームを改善することが簡単ではないからだ。

　誰でもできる運動なのに、なぜその改善が難しいのだろう。

　実は、普段慣れている動作ほど、その動作に対する神経支配がしっかりとできあがっているからだ。運動の技術やフォームを改善することは、その運動を支配する神経回路を組みかえることになるので、そう簡単にはいかない。

　コーチは、腕の振り、膝の運び方、上体の前傾の取り方など、フォームを矯正しようと指導し、指導を受けるランナーも指摘された体の動きの修正に意識を向けてトレーニングするのが普通である。しかし、動作の修正には多くの時間と繰り返しが必要であり、またその効果が上がらないことも多い。そして、トレーニングの効果が上がらない人は、「運動神経」が良くないということになる。

　この場合、運動技術の修正は、「運動の神経回路を修正する」ことであると考えることによって、解決の糸口がみつかる。

　スポーツ技術や「身のこなし」の習得には、神経回路に直接的に刺激を与えるようなトレーニング上の工夫が必要である。

　工夫をいろいろと重ねるうちに、「動作をイメージし、それを体感する」ことが、運動の神経回路を改善するのにきわめて有効であることがわかってきた。

　　　　　　　　　　　　（小林寛道『運動神経の科学―誰でも足は速くなる』講談社による）

（注1）神経回路：ここでは、神経をつなぐ仕組み

（注2）矯正する：正しくなるように直す

（注3）ランナー：走る人

（注4）糸口：きっかけ

（注5）身のこなし：体の動かし方

66 「速く走る技術」はなぜ①身につけることが難しいのか。

1 走るフォームは一度固定されると変えられないから

2 走るフォームを指導する方法があまり改善されていないから

3 走るための神経の仕組みはすでにできていて変えにくいから

4 走るための神経の仕組みは他の動作とは違う特殊なものだから

67 ②この場合とはどんな場合か。

1 練習に十分な時間が取れない場合

2 練習の効果がうまく現れない場合

3 走り方の改善に集中できない場合

4 コーチの指導が理解できない場合

68 筆者によると、「速く走る技術」を身につけるにはどうすればよいか。

1 速く走る動きを頭に描いてその感覚を体で感じるようにする。

2 神経の仕組みに直接刺激を与えるためにいろいろな走り方を試す。

3 頭で考えるよりも、何度も練習を重ねて体で覚えるようにする。

4 コーチの指導を受けながら走り方の修正に全神経を集中させて走る。

読解

問題12 次のＡとＢはそれぞれ、これからの車社会について書かれた文章である。二つの
文章を読んで、後の問いに対する答えとして最もよいものを、１・２・３・４から
一つ選びなさい。

Ａ

　今日、多くの国々で、地球環境に配慮した車が求められている。そのような中でガソ
リンではなく電気で走る自動車が登場したが、まだ値段も高く長距離を走ることも難し
い。また、充電する場所も限られるために、電気自動車に乗る人はそれほど多くない。

　しかし、近い将来、それらの問題も技術の進歩によって解決され、やがてはより身近
で一般的な乗り物になっていることが考えられる。また、電気自動車は構造が複雑では
ないため、一人用または二人用の小型のものならば、個人で製造できる可能性もあるそ
うだ。数十年後には一人一台電気自動車を持ち、全国どこへでも行ける時代が訪れるか
もしれない。

Ｂ

　今や自動車は私たちの生活になくてはならないものになっているが、環境への意識が
高まるにつれ、車に対する人々の考え方が変化してきている。その結果、電気自動車が、
走行時に二酸化炭素を出さず、騒音も少ないことから、環境に優しい車として注目を集
め、徐々に利用者も増えている。また、カーシェアリングといって、一台の車を複数の
人で使用するというシステムも整ってきている。このような傾向が続けば、個人で車を
持つ必要性は薄れてくるだろう。十年後、二十年後はガソリン車が姿を消し、電気をエ
ネルギーとする車を数人で一台利用している、そんな時代が来るかもしれない。

（注）〜に配慮する：〜を大切に思っていろいろ考慮する

69 AとBのどちらの文章にも触れられている点は何か。

1 電気自動車所有状況の予測

2 人々の電気自動車に対する関心の高さ

3 今後開発される電気自動車の新機能

4 現在の電気自動車が環境に与える効果

70 AとBの筆者は、車社会の今後の可能性についてどのように考えているか。

1 AもBも、車の台数はさらに増え、人々の生活に不可欠なものになるだろうと考えている。

2 AもBも、車の技術はますます進歩し、環境を意識した車が手軽に利用できるようになるかもしれないと考えている。

3 Aは電気自動車の利用者が増えると考え、Bは電気自動車の普及に加え利用の仕方も変化するだろうと考えている。

4 Aは電気自動車の技術が向上すると考え、Bは将来個人で電気自動車を所有することになるだろうと考えている。

読解

問題13　次の文章を読んで、後の問いに対する答えとして最もよいものを、1・2・3・4から一つ選びなさい。

　私は食べ物については好き嫌いが多いが、研究テーマや人間関係についてはあまり好き嫌いがない。ところが、いろいろな人と話をしていると、意外に好き嫌いがあるという人が多い。この研究は嫌いとか、この人は好きじゃないとかよく耳にする。しかし、どんな研究にも視点を変えれば学ぶところは必ずあるし、人間も同様に、悪い面もあればいい面もある。やって損をするという研究は非常にまれであるし、つきあって損をするという人間も非常に少ない。

　科学者や技術者であるなら、発見につながるあらゆる可能性にアンテナを伸ばすべきで、そのためには、好き嫌いがあってはいけないように思う。研究の幅や、発見につながる可能性を大きく狭めてしまう。
　　　　　　　（注1）
　ところで、そもそも好き嫌いとは何だろうか？
　　　　　　　（注2）
　自分の研究分野は、理系であることには間違いない。しかし自分でも、理由があって理系の道を選んだとは思えない。単なる偶然の積み重なりの結果なのだ。

　「自分の好みや得手不得手で選んだ」とあとから言うのは、その偶然の選択に何らかの
　　　　　　　　　　（注3）
理由を与えないと、あとで悔やむことになるからだと思う。たとえば、理系の道を選んで思ったような成果を上げられなかったとき、「なぜ文系の道を選ばなかったのか」と思うような後悔である。遠い過去にさかのぼっていちいち後悔していては、その時点の目の前の問題に力を注げず、前向きに生きていくことはできない。

　そう考えると、好き嫌いや感情というものは、偶然の積み重なりで進んでいく人生を自分なりに納得するためにあるようなものと言えるのではないか。好き嫌いや感情は、無意識のうちに、自分を守るために、自分を納得させるために、都合よく持つものなのだろう。

　感情や好き嫌いは元来人間に備わっているものであるというのは間違いないが、人間は、
　　　　　　　　　　　　　（注4）
十分な理由がないまま行った自らの行動を、納得し、正当化するためにも、感情や好き嫌
　　　　　　　　　　　　　　　　　　　（注5）
いを用いる。人間は、他の動物にはない、そんな感情や好き嫌いの利用方法を身につけているのかもしれない。

（石黒浩『ロボットとは何か―人の心を映す鏡』講談社による）

（注1）狭める：狭くする

（注2）そもそも：もともと

（注3）得手<ruby>得手<rt>え て ふ え て</rt></ruby>不得手：得意不得意

（注4）元来：初めから

（注5）<ruby>正当化<rt>せいとう か</rt></ruby>する：ここでは、間違っていなかったと思う

71 好き嫌いがあってはいけないと筆者が考えているのはなぜか。

1 どんな研究であっても、役に立つ新しい発見につなげられるから

2 どんなことでも、自分の研究に役立つものがあるかもしれないから

3 好き嫌いで判断することによって、悪い面に気づきにくくなるから

4 嫌いなことには、自分が気づかない重要なことが隠されているから

72 筆者は、どうして理系に進んだのか。

1 文系が得意ではなかったから

2 自分の気持ちに従ったから

3 特に嫌いではなかったから

4 たまたまそうなったから

73 筆者は、好き嫌いとは人間にとってどのようなものだと考えているか。

1 自分がこれからとる行動を決める時のきっかけになるもの

2 自分が<ruby>前向<rt>まえむ</rt></ruby>きに生きていくために意識的に利用しているもの

3 自分の研究や仕事がうまくいくように普段は<ruby>抑<rt>おさ</rt></ruby>えているもの

4 自分の行動や<ruby>選択<rt>せんたく</rt></ruby>が間違っていなかったと思うために用いるもの

問題14 右のページは、A社とB社の海外引越サービスの案内である。下の問いに対する

答えとして最もよいものを、1・2・3・4から一つ選びなさい。

74 チャンさんは来月帰国する際に、A社を利用して引越をする予定である。荷物が10
箱以上あるのでなるべく安い料金で送りたいが、そのうち帰国後すぐに使うものが入っ
た5箱は料金が少し高くてもいいので早く着くように送りたい。チャンさんはどうした
らいいか。

1 急ぐものはプラン①で、その他のものはプラン②で送る。

2 急ぐものはプラン①で、その他のものはプラン③で送る。

3 急ぐものはプラン④で、その他のものはプラン②で送る。

4 急ぐものはプラン④で、その他のものはプラン③で送る。

75 会社員の有田さんは3ヶ月後に海外支店に転勤することになった。一緒に行く家族は
外国での生活が初めてなので、日本語で対応してもらえて、なるべく楽なプランを利用
したいと思っている。有田さんはA、B両社のどのプランを検討したらいいか。

1 A社のプラン①とB社のプランⅢ

2 A社のプラン①とB社のプランⅣ

3 A社のプラン②とB社のプランⅢ

4 A社のプラン②とB社のプランⅣ

Ａ社　海外引越サービス　プラン比較

	プラン①	プラン②
こんな方に	・荷物が多い方 ・手間をかけたくない方	・荷物が少ない方 ・手間をかけたくない方
荷造り	当社スタッフが行います	当社スタッフが行います
荷物量	Ｍサイズ10箱以上	Ｍサイズ10箱未満
料金	1箱12,000円〜	1箱15,000円〜
	プラン③	プラン④
こんな方に	・予算を抑えたい方 ・必要なサービスだけ利用したい方	・荷物が少ない方 ・早く荷物を受け取りたい方
荷造り	お客様ご自身で行ってください	お客様ご自身で行ってください
荷物量	Ｍサイズ５箱以上	Ｍサイズ５箱まで
料金	1箱10,000円〜	1箱15,000円〜

・料金には、荷物の日本でのお引き取り、輸出入税関手続き、海外でのお届け費用を含みます。

・プラン①は、海外での荷物のお届けの際に日本語がわかるスタッフがうかがうので安心です。

・プラン④のみ、他のプランに追加してのご利用が可能です。

Ｂ社　海外引越サービス　プラン診断

お客様の状況やご希望に合わせて、最適なプランをお選びします。

（以下はすべて、当社のスタッフが荷造りからお手伝いする「らくらくプラン」になります。）

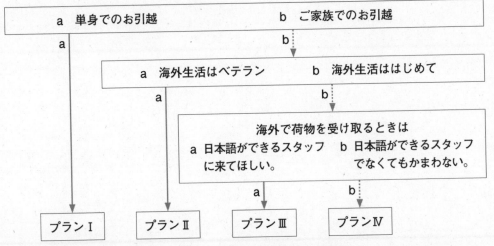

・以上の診断結果だけではなく、各プランの詳しい内容をご確認のうえ、お申し込みください。

・プランⅢ、Ⅳをお申し込みのお客様は、当社主催「海外生活情報セミナー」にご招待いたします。

N2

聴解

（50分）

注　意
Notes

1. 試験が始まるまで、この問題用紙を開けないでください。
   Do not open this question booklet until the test begins.

2. この問題用紙を持って帰ることはできません。
   Do not take this question booklet with you after the test.

3. 受験番号と名前を下の欄に、受験票と同じように書いて
   ください。
   Write your examinee registration number and name clearly in each box below as
   written on your test voucher.

4. この問題用紙は、全部で13ページあります。
   This question booklet has 13 pages.

5. この問題用紙にメモをとってもかまいません。
   You may make notes in this question booklet.

受験番号　Examinee Registration Number	

名前　Name	

もんだい
問題 1

問題1では、まず質問を聞いてください。それから話を聞いて、問題用紙の1から4の中から、最もよいものを一つ選んでください。

れい
例

1 先生にメールで聞く

2 友達にメールで聞く

3 研究室の前のけいじを見る

4 りょうの前のけいじを見る

1番

1 しりょうをじゅんびする

2 パンフレットを用意する

3 めいしを注文する

4 電子じしょを買う

2番

1 先生の都合を聞く

2 ろんぶんをコピーする

3 勉強会の日を決める

4 教室を予約する

3番

1 げんこうに自分の経験を入れる

2 早く話す練習をする

3 げんこうを短くする

4 げんこうの表現をやさしくする

4番

1 2,500円

2 3,000円

3 3,500円

4 4,000円

5番

1 しりょうをかくにんする

2 メールでしりょうを送る

3 けいたい電話にれんらくする

4 会議に出席する

<ruby>問題<rt>もんだい</rt></ruby> 2

　<ruby>問題<rt>もんだい</rt></ruby> 2 では、まず<ruby>質問<rt>しつもん</rt></ruby>を<ruby>聞<rt>き</rt></ruby>いてください。そのあと、<ruby>問題用紙<rt>もんだいようし</rt></ruby>のせんたくしを<ruby>読<rt>よ</rt></ruby>んでください。<ruby>読<rt>よ</rt></ruby>む<ruby>時間<rt>じかん</rt></ruby>があります。それから<ruby>話<rt>はなし</rt></ruby>を<ruby>聞<rt>き</rt></ruby>いて、<ruby>問題用紙<rt>もんだいようし</rt></ruby>の 1 から 4 の<ruby>中<rt>なか</rt></ruby>から、<ruby>最<rt>もっと</rt></ruby>もよいものを<ruby>一<rt>ひと</rt></ruby>つ<ruby>選<rt>えら</rt></ruby>んでください。

<ruby>例<rt>れい</rt></ruby>

1　<ruby>友達<rt>ともだち</rt></ruby>とけんかしたから

2　かみがたが<ruby>気<rt>き</rt></ruby>に<ruby>入<rt>い</rt></ruby>らないから

3　<ruby>試験<rt>しけん</rt></ruby>があるから

4　<ruby>頭<rt>あたま</rt></ruby>が<ruby>痛<rt>いた</rt></ruby>いから

聴解

1 番

1 音楽がうるさかったから

2 ドアの音が大きかったから

3 話し声がうるさかったから

4 テレビの音が大きかったから

2 番

1 店が便利な場所にあるから

2 店員が話し上手だから

3 店員がうるさく話しかけないから

4 店員がかみを切るのがうまいから

3番

1 料理の味がよくないから

2 ふんいきがよくないから

3 料金が高いから

4 会場がせまいから

4番

1 熱が高い

2 せきが出る

3 頭が痛い

4 はきけがする

5番

1 一人でゆっくり食べられること

2 おいしい料理が食べられること

3 他の客と話しながら食べられること

4 仕事の情報が得られること

6番

1 4時ごろ

2 5時ごろ

3 6時ごろ

4 明日の朝

<ruby>問題<rt>もんだい</rt></ruby> 3

<ruby>問題<rt>もんだい</rt></ruby> 3 では、<ruby>問題用紙<rt>もんだいようし</rt></ruby>に<ruby>何<rt>なに</rt></ruby>もいんさつされていません。この<ruby>問題<rt>もんだい</rt></ruby>は、<ruby>全体<rt>ぜんたい</rt></ruby>としてどんな<ruby>内容<rt>ないよう</rt></ruby>かを<ruby>聞<rt>き</rt></ruby>く<ruby>問題<rt>もんだい</rt></ruby>です。<ruby>話<rt>はなし</rt></ruby>の<ruby>前<rt>まえ</rt></ruby>に<ruby>質問<rt>しつもん</rt></ruby>はありません。まず<ruby>話<rt>はなし</rt></ruby>を<ruby>聞<rt>き</rt></ruby>いてください。それから、<ruby>質問<rt>しつもん</rt></ruby>と

せんたくしを<ruby>聞<rt>き</rt></ruby>いて、1 から 4 の<ruby>中<rt>なか</rt></ruby>から、<ruby>最<rt>もっと</rt></ruby>もよいものを<ruby>一<rt>ひと</rt></ruby>つ<ruby>選<rt>えら</rt></ruby>んでください。

－ メモ －

聴
解

もんだい
問題 4

問題 4 では、問題用紙に何もいんさつされていません。まず文を聞いてください。それから、それに対する返事を聞いて、1 から 3 の中から、最もよいものを一つ選んでください。

－ メモ －

問題5

問題5では、長めの話を聞きます。この問題には練習はありません。

メモをとってもかまいません。

1番、2番

問題用紙に何もいんさつされていません。まず話を聞いてください。それから、質問とせんたくしを聞いて、1から4の中から、最もよいものを一つ選んでください。

― メモ ―

3番

まず話を聞いてください。それから、二つの質問を聞いて、それぞれ問題用紙の1から4の中から、最もよいものを一つ選んでください。

質問1

1　1番の CD

2　2番の CD

3　3番の CD

4　4番の CD

質問2

1　1番の CD

2　2番の CD

3　3番の CD

4　4番の CD

日本語能力試験 解答用紙

N2

言語知識(文字・語彙・文法)・読解

受験番号
Examinee Registration
Number

名前
Name

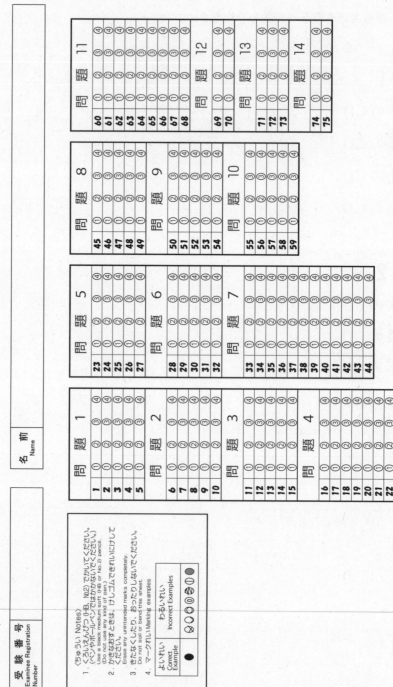

問題 1

	1	2	3	4
1	①	②	③	④
2	①	②	③	④
3	①	②	③	④
4	①	②	③	④
5	①	②	③	④

問題 2

6	①	②	③	④
7	①	②	③	④
8	①	②	③	④
9	①	②	③	④
10	①	②	③	④

問題 3

11	①	②	③	④
12	①	②	③	④
13	①	②	③	④
14	①	②	③	④
15	①	②	③	④

問題 4

16	①	②	③	④
17	①	②	③	④
18	①	②	③	④
19	①	②	③	④
20	①	②	③	④
21	①	②	③	④
22	①	②	③	④

問題 5

23	①	②	③	④
24	①	②	③	④
25	①	②	③	④
26	①	②	③	④
27	①	②	③	④

問題 6

28	①	②	③	④
29	①	②	③	④
30	①	②	③	④
31	①	②	③	④
32	①	②	③	④

問題 7

33	①	②	③	④
34	①	②	③	④
35	①	②	③	④
36	①	②	③	④
37	①	②	③	④
38	①	②	③	④
39	①	②	③	④
40	①	②	③	④
41	①	②	③	④
42	①	②	③	④
43	①	②	③	④
44	①	②	③	④

問題 8

45	①	②	③	④
46	①	②	③	④
47	①	②	③	④
48	①	②	③	④
49	①	②	③	④

問題 9

50	①	②	③	④
51	①	②	③	④
52	①	②	③	④
53	①	②	③	④
54	①	②	③	④

問題 10

55	①	②	③	④
56	①	②	③	④
57	①	②	③	④
58	①	②	③	④
59	①	②	③	④

問題 11

60	①	②	③	④
61	①	②	③	④
62	①	②	③	④
63	①	②	③	④
64	①	②	③	④
65	①	②	③	④
66	①	②	③	④
67	①	②	③	④
68	①	②	③	④

問題 12

| 69 | ① | ② | ③ | ④ |
| 70 | ① | ② | ③ | ④ |

問題 13

71	①	②	③	④
72	①	②	③	④
73	①	②	③	④

問題 14

| 74 | ① | ② | ③ | ④ |
| 75 | ① | ② | ③ | ④ |

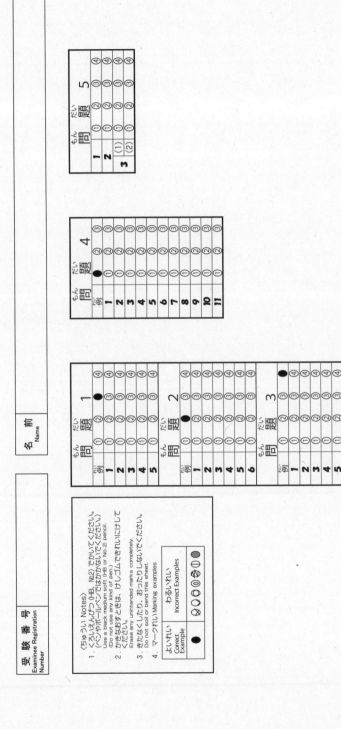

2

<ruby>正答表<rt>せいとうひょう</rt></ruby>と<ruby>聴解<rt>ちょうかい</rt></ruby>スクリプト

せいとうひょう
正答表

● 言語知識（文字・語彙・文法）・読解

問題1

1	2	3	4	5
2	3	1	4	3

問題2

6	7	8	9	10
3	2	1	4	2

問題3

11	12	13	14	15
1	2	1	4	2

問題4

16	17	18	19	20	21	22
4	4	1	2	1	1	2

問題5

23	24	25	26	27
3	4	1	3	3

問題6

28	29	30	31	32
4	3	3	2	4

問題7

33	34	35	36	37	38	39	40	41	42
3	2	4	4	1	3	3	3	1	2

43	44
2	1

問題8

45	46	47	48	49
2	1	4	3	3

問題9

50	51	52	53	54
2	4	1	3	1

問題 10

55	56	57	58	59
3	2	2	1	2

問題 11

60	61	62	63	64	65	66	67	68
3	4	4	3	1	4	3	2	1

問題 12

69	70
1	3

問題 13

71	72	73
2	4	4

問題 14

74	75
4	1

●聴解

問題 1

例	1	2	3	4	5
3	2	3	3	2	1

問題 2

例	1	2	3	4	5	6
2	2	3	4	2	3	2

問題 3

例	1	2	3	4	5
4	1	4	3	1	2

問題 4

例	1	2	3	4	5	6	7	8	9	10
1	3	1	3	1	1	3	3	2	3	1

11
2

問題 5

1	2	3	
		質問 1	質問 2
3	4	1	3

┌─────────────┐
│ 聴解スクリプト │
└─────────────┘

（M：男性　F：女性）

問題1

例

授業で先生が話しています。学生は授業を休んだとき、どのように宿題を確認しますか。

M：ええと、この授業を休むときは、必ず前の日までに連絡してください。

F：メールでもいいですか。

M：はい、いいですよ。あ、それから、休んだときは、私の研究室の前の掲示を見て、宿題を確認してください。友達に聞いたりしないで、自分で確かめてちゃんとやってきてくださいね。

F：はい。

M：それから、今日休んだ人、リンさんですね、リンさんは、このこと知りませんから、だれか伝えておいてくれますか。

F：あ、私、リンさんに伝えておきます。同じ寮ですから。

M：じゃ、お願いします。

学生は授業を休んだとき、どのように宿題を確認しますか。

1番

会社で女の人と男の人が話しています。女の人はこれから何をしますか。

F：先輩、来週、海外出張なんですが、特にしておいたほうがいいことって、ありますか。

M：会議の資料は、準備できてるんだよね。

F：はい。

M：会社のパンフレット、持った？

F：あ、そうだ。うっかりしてました。

M：それと、名刺は多めに持っていったほうがいいよ。前に足りなくなって、あわてて向こうでコピーしたことがあるから。

F：あ、それは私も一度失敗したことがあるので、今回はばっちりです。

M：あと、電子辞書は持ってたよね。

F：はい、大丈夫です。

女の人はこれから何をしますか。

2番
大学で女の学生と男の学生が話しています。男の学生は最初に何をしなければなりませんか。

F：夏休み中、ゼミないけど、休みの間も引き続きみんなで集まって勉強しない？先生は出張でいらっしゃらないから、ゼミの学生だけで論文を読んだりしましょ。

M：はい、ぜひ。みんなもやりたいって言ってました。えっと、論文はどうしましょうか。

F：まずは、先週先生が紹介してくださった論文を読みましょうよ。それでいいなら、私、もう持ってるから、大丈夫。

M：コピーしたりするのは僕やりますよ。

F：コピーは人数が決まってからでいいから、それより日程の調整して。

M：はい、分かりました。みんなにメールしてみます。

F：うん、よろしく。で、日程が固まり次第、教室を確保しておいてもらえる？

M：はい、分かりました。

男の学生は最初に何をしなければなりませんか。

3番
男の先生と留学生が話しています。留学生はこのあと何をしなければなりませんか。

M：この間出してもらったスピーチコンテストの原稿だけどね。

F：あ、はい。どうでしたか。

M：うん、「地球を守るためにできること」っていうテーマは面白いね。自分の経験から話し始めるのはなかなかいいと思うよ。

F：ありがとうございます。

M：でも、スピーチは5分だったよね。

F：はい。

M：じゃあ、よほど早口で話さないと無理だよ。やっぱり、長すぎるな。

F：あ、そうですか。じゃあ、書き直してみます。あのう、文法、自信なかったんですけど。

M：うん、特に目につく間違いはなかったですね。まあ、少し硬い表現もあるけど、このぐらいはいいね。

留学生はこのあと何をしなければなりませんか。

4番

映画館の窓口で女の人が料金について聞いています。女の人は全部でいくら支払いますか。

F：すみません、大人二人、子供二人なんですが、あの、チケットっていくらですか。

M：大人が1枚1,000円、4歳以上15歳以下のお子様は大人の半額になります。

F：じゃあ、上の子は6歳だから500円ですね。下の子は3歳なので無料ですか。

M：はい。4歳未満のお子様でお席をご使用にならない場合は、チケットは必要ございません。お席をお使いになる場合は、子供料金を頂いております。

F：ひざにのせていればいいってことですね。

M：はい、そうです。

F：ずっとだっこしてるのは、ちょっとつらいかな。いいや、500円だし。この子の分もお願いします。

M：はい、かしこまりました。では、チケットは全部で4枚ですね。

F：はい、それで。

女の人は全部でいくら支払いますか。

5番

会社で男の人と女の人が話しています。女の人はこのあとまず何をしなければなりませんか。

M：明日の東事務所との打ち合わせのことなんだけど、僕、その前に別の会議が入ってて、少し遅れるかもしれないんだ。そのときは、悪いけど、先に話を進めといてくれないかな。

F：あ、はい。この前の続きから、ということでよろしいでしょうか。

M：うん。メールで資料が届いてたけど、特に変更点とかはなかったよね。でも、確認はしといて。

F：え、私のところにはメール届いてませんけど。

M：え、そうなの？じゃあ急いで送るよ。

F：お願いします。すぐ見ておきます。

M：そんなに遅くなることはないと思うけど、何かあったら携帯のほうに連絡して。じゃ、よろしくね。

女の人はこのあとまず何をしなければなりませんか。

問題2

例

母親と高校生の女の子が話しています。女の子はどうして学校へ行きたくないのですか。

F1：どうしたの？朝からためいきばっかり。だれかとけんかでもしたの？

F2：それはもういいの、仲直りしたから。それより、見てよ、この前髪。

F1：まあ、また、思い切って短くしたわね。

F2：こんなんじゃ、みんなに笑われちゃうよ。ねえ、今日学校休んじゃだめ？

F1：だめに決まってるでしょ。そんなこと言って、本当は今日の試験、受けたくないんでしょ。

F2：違うよ、ちゃんと勉強したんだから。そんなことより、ああ、鏡見るだけで頭痛くなりそう。

女の子はどうして学校へ行きたくないのですか。

1番

男の学生と女の学生が話しています。男の学生はどうして昨日隣の部屋の人に怒られたと言っていますか。

M：昨日、アパートの隣の部屋の人に怒られちゃったんだよ。

F：え、どうして？大きな音で音楽でも聞いてたの？

M：いや、ドアの音がね。昨日は帰りが遅くなっちゃったから、注意して閉めたつもりだったんだけど。隣、赤ちゃんがいるんだよね。

F：そうなんだ。

M：遅い時間には特に気をつけてるんだ。テレビの音だって小さめにするようにしてるんだけどな。友達が来たときなんかも、話し声が大きくなりすぎないようにしてるし。

F：そう。昨日は、きっと、何かタイミングが悪かったんでしょうね。

男の学生はどうして昨日隣の部屋の人に怒られたと言っていますか。

2番

女の学生と男の学生が美容院について話しています。男の学生はどうしてこの美容院が気に入っていますか。

F：吉田君、駅前の美容院に行ってるって言ってたよね。

M：うん。

F：私も行ってみようかなと思ってるんだけど、どう？

M：俺は気に入ってるよ。でも、駅前にあるからか、いつも混んでてけっこう待つよ。

F：ふうん。

M：あ、あとなんか、店員が無口で冷たい感じがするって、嫌がる人もいるみたいだね。

F：そうなんだ。じゃあ、吉田君は、どうしてあの店がいいの？

M：うーん、美容院って、大抵どこでも、髪切ってる間、お店の人がいろいろと話しかけてくる
　　だろう？俺、あれ、苦手なんだよね。一人で本でも読んでるほうが気楽なんだ。話好きな店
　　員がいるとこは、なんか疲れちゃうんだよ。

F：ふうん。私は、お店の人とのおしゃべり、好きだな。最近の流行の話も聞けるし。

M：そっか。じゃあ、他の店のほうがいいかもしれない。あそこ、特別うまいってわけでもないよ。

男の学生はどうしてこの美容院が気に入っていますか。

3番

会社で女の人と男の人が話しています。パーティーの会場が変更になった理由は何ですか。

F：田中先生の出版記念パーティーの会場、レストランはやめてホテルに変更したんだって？

M：そうなんだ。

F：あのレストラン、田中先生のお気に入りじゃなかった？

M：うん。味も雰囲気もいいしね。できればあの店にしたかったんだけど。

F：えっ、予算オーバーしちゃったの？

M：いや、お店の人がだいぶ値引きしてくれて、予算内になんとか収まったんだ。でも、結局参
　　加者が増えて、100人超えちゃったんだ。

F：それじゃ、あのレストランじゃ。

M：そうなんだよ。入れないことはないんだけど、ぎゅうぎゅうになっちゃうから。

F：まあ、せっかくのお祝いだから、大きいところで派手にやったほうがいいよね。それに、あの
　　ホテル、料理もなかなか評判がいいしね。

パーティーの会場が変更になった理由は何ですか。

4番

電話で女の学生と男の学生が話しています。男の学生の今日の体調はどうですか。

F：もしもし、池田君？おはよう。

M：おはよう。

F：風邪の具合どう？今日は授業、出られそう？

M：うーん。昨日の夜にはもう熱が下がったんだけど、まだ二、三日は人にうつる可能性があるって、お医者さんに言われたんだ。

F：そう。

M：僕自身はもう元気だから、早く学校に行きたいんだけどね。まだ咳が残ってるんだ。けっこう風邪つらかったから、みんなにうつしたら悪いと思って。

F：そうなんだ。

M：うん、頭は痛いし、吐き気はするし、風邪の症状一通り全部やったって感じだったよ。

F：大変だったね。授業のノートはとっとくから心配しないでいいよ。じゃ、お大事に。

男の学生の今日の体調はどうですか。

5番

男の人と女の人がある店について話しています。男の人はこの店の何がいいと言っていますか。

M：最近、面白い店見つけたんだ。駅の近くの食堂なんだけど。

F：どんな店？

M：夕飯とか、一人で食べに入ること、あるじゃない？普通なら空いてるテーブルに案内されて一人で食べるでしょ？でも、そこは、仮に空いているテーブルがあっても、もうだれかいるところに案内されるんだ。

F：えー、変わってるね。それって、知らない人と向かい合って食べるってことでしょ？緊張しない？

M：僕も最初そう思ったけど、意外と楽しいんだよね。初めての人とでもけっこうしゃべれちゃうし。食べながらだから、リラックスして話せるのかな。

F：へえ。で、何、しゃべるの？会社の話とか？

M：いや、料理の味はどうかとか、天気がどうとか、ちょっとした話なんだけどね。

F：そうなんだ。

男の人はこの店の何がいいと言っていますか。

6番

会社で女の人と男の人が話しています。二人はこの仕事をいつ終わらせる予定ですか。

F：佐藤君、今朝お願いした入力の仕事、終わった？

M：あっ、課長。もう4時ですか。あのう、まだ。

F：あ、そう。

M：あの、この仕事、明日の朝までに終わらせればいいんですよね？

F：んー、ただ、このデータ、ちょっと気になる点が出てきて、今日中に見ておきたいのよね。申し訳ないけど、なるべく早くしてもらえるかな。

M：そうなんですか。それでは、急いで仕上げます。

F：ありがとう。助かるわ。あとどのぐらいかかりそう？

M：ええと、そうですね、あと2時間ぐらいはかかりそうです。

F：2時間か。私が半分手伝ったら、時間も半分ね。じゃあ、二人で頑張りましょうか。

M：あ、ありがとうございます。

二人はこの仕事をいつ終わらせる予定ですか。

問題3

例

テレビでアナウンサーが通信販売に関する調査の結果を話しています。

F：皆さん、通信販売を利用されたことがありますか。買い物をするときは店に行って、自分の目で確かめてからしか買わないと言っていた人も、最近この方法を利用するようになってきたそうです。10代から80代までの人に調査をしたところ、「忙しくて買いに行く時間がない」「お茶を飲みながらゆっくりと買い物ができる」「子供を育てながら、働いているので、毎日の生活になくてはならない」など多くの意見が出されました。

通信販売の何についての調査ですか。
1. 利用者数
2. 買える品物の種類
3. 利用方法
4. 利用する理由

1番

女の人と男の人が玄関で話しています。

F：はあい。

M：こんにちは。

F：あ、どうもこんにちは。

M：あの、みかん、お好きですか。たくさんもらったんで、よろしければ。

F：まあ、みかん。大好きだからうれしいわ。最近高いのよ。

M：よかった。ただ、ちょっと酸っぱいんですけど、もし酸っぱいのがお好きじゃなかったら、
　　ジュースにでもしてください。

F：ジュース？

M：ええ。絞ったものに少し蜂蜜を加えるんです。ホットでもおいしいですよ。

F：へえ、おいしそうね。

男の人は何をしに来ましたか。

　1．みかんをあげるため

　2．みかんを売るため

　3．みかんの感想を言うため

　4．ジュースの作り方を教えるため

2番

テレビで医者がインタビューに答えています。

F：先生、最近、目の不調を訴える人が増えているようですが。

M：ええ、そうですね。現代は、テレビやパソコン、ゲームのように、目を疲れさせるものがた
　　くさんありますからね。楽しいから、つい時間を忘れてしまうんですよね。でも、目の健康を
　　考えれば、できるかぎり目に負担のかからない生活をする必要があります。例えば、パソコ
　　ンを使う時間を決めるとか、暗いところで画面を見ないなど、普段から気をつけることが大切
　　です。

医者は、何の話をしていますか。

　1．子供の視力の低下

　2．目の治療にかかる時間

　3．目の検査の必要性

　4．目を疲れさせない方法

3番

レポーターが女の人に野菜について聞いています。

M：こんにちは。こちらのお店でよく野菜を買われるんですか。

F：ええ。このお店の野菜は味が濃いんですよ。匂いもね、その野菜らしいしっかりとした匂いがするの。このトマトの匂いをかぐと、子供のころに畑で採って、その場でかじった、その様子まで思い出すんです。

M：へえ、そうなんですか。

F：最近は、野菜独特の匂いとか味が薄くなっていて、食べやすいと思う人もいるんでしょうけど、私にはちょっと物足りないんです。その点、このお店の野菜は昔ながらの方法で作られているそうで、味もいいし安心だし。

M：でも、値段がちょっと高めのようですね。

F：ええ。でも、こういう野菜らしい野菜を孫にも食べさせたいと思って、つい来てしまうんです。

女の人は、野菜についてどう思っていますか。
1. 新鮮なものが一番いい
2. 値段が安いものが一番いい
3. 匂いや味が濃いものがいい
4. 自分で作ったものがいい

4番

テレビでサッカー選手が今シーズンを振り返って話しています。

M：シーズン前にけがをして手術を受けたので、今シーズンはずっと回復に向けてトレーニングの毎日でした。テレビなどで仲間やライバルの活躍する姿を見ると、焦りと悔しい思いでいっぱいでした。でも、専門的な本を読んだりして、トレーニング方法を客観的に見直すこともできて、それなりに充実していました。それに、久しぶりに家族ともゆったりした時間を持つことができましたしね。

この選手は今シーズンはどうだったと言っていますか。
1. 試合に出られなかったが、いいこともあった
2. 試合に出られず、いいことはなかった
3. 試合に出たが、活躍できなかった
4. 試合に出て、充実した毎日だった

5番

会社で男の人と女の人が話しています。

M：山田さん、ちょっといいですか。

F：はい、部長。

M：この間話した新しい店のことだけど、実は、君をそこの店長にという話が出てるんだ。

F：え？

M：これまでの仕事が高く評価されててね。

F：ありがとうございます。

M：じゃあ、いいかな。転勤にはなるけどね。

F：あ、あのう、ぜひ行かせていただきたいんですが、ただ、転勤となりますと。

M：ん？

F：あのう、実は、最近、母の体調がよくないので、あまり遠く離れるのは、ちょっと。

M：あ、そう。でも、せっかくのチャンスだよ。

F：はい、評価していただいたことは大変うれしいですし、もし店長になったらやってみたいことはたくさんあるんですが。申し訳ありません。また次の機会に声をかけていただけるよう頑張ります。

M：そうか。分かった。

女の人は転勤についてどう思っていますか。
1. 体調に自信がないので、転勤したくない
2. お母さんのことが心配なので、転勤したくない
3. 転勤してもいいが、店長にはなりたくない
4. 転勤して、店長として頑張りたい

問題4

例

F：今日ちょっと、残って仕事してってもらえない？

M：1. 今日ですか。はい、分かりました。

2. すみません、今日遅くなったんです。

3. 残りは、あとこれだけです。

1番

F：ねえ、映画が始まるまで、どっかで時間つぶさない？

M：1. 随分忙しそうじゃない。
　　2. 駅前の店にならあると思うけどな。
　　3. じゃあ、コーヒーでも飲みに行こうか。

2番

M：土曜日のハイキング、来ればよかったのに。

F：1. 次の機会には、ぜひ。
　　2. じゃあ、ご一緒いたします。
　　3. いい天気になりそうですね。

3番

F：あの、今、お時間よろしいでしょうか。

M：1. えっと、4時5分ですよ。
　　2. あいにく私も時計がなくて。
　　3. 10分ぐらいなら。

4番

M：昨日デパートで、たまたま高校のときの先生に会ったんだ。

F：1. へえ、偶然だね。
　　2. 時々だからね。
　　3. わざわざ会ったんだ。

5番

M：ああ、またやっちゃったよ。うっかりしてたな。

F：1. ええっ、何したの？
　　2. 助かったよね。
　　3. やってみたら？

6番

F：こんな高いパソコン、無理して買うこともないんじゃない？

M：1．そうか、買うしかないか。
　　2．少しでよかったら、貸そうか。
　　3．いや、どうしても必要なんだ。

7番

F：あのう、ここは私にごちそうさせていただけませんか。

M：1．お料理、お上手ですね。
　　2．そうすればよかったですね。
　　3．いや、そういうわけには。

8番

M：うちの山田君のプレゼンテーション、なかなかだったよね。

F：1．あまり勉強してませんからね。
　　2．相当準備したようですよ。
　　3．ええ、かなりまずかったですね。

9番

F：何落ち込んでるの。やれるだけのことはやったんでしょ？

M：1．えっ、何が落ちてるの？
　　2．やれって言うならやるよ。
　　3．うん、頑張ったんだけどね。

10番

M：遅れてすみません、こちらの場所は覚えていたつもりだったんですが。

F：1．ここ、分かりにくいんですよね。
　　2．思い出さなくてもいいですよ。
　　3．よかったです、まっすぐ来られて。

11番

M：あのう、明日、田中先生がいらっしゃるかどうか、分かりますか。

F：1．明日は来ないつもりです。

2．お休みだと伺ってます。

3．ご存知です。

問題5

1番

電子辞書売り場で留学生と販売員が話しています。

F：あのう、電子辞書を探してるんですけど。なるべく安いもので。日本語の勉強に使いたいと思って。

M：そうですか。ええと、それでは、こちらの1番の辞書が最も安い商品になっていますが、機能はあまり多くありません。こちらの2番は、漢字辞典に漢字認識機能がついてて、人気があります。

F：漢字認識機能？

M：はい、大体の形しか覚えていない漢字でも、簡単に調べることができるんです。3番も同じ機能がついていて、あと、カタカナ語辞典も充実しているタイプですね。あとは、少し高くなりますけど、この4番はさらに単語の発音が聞けるようになっていて、人気ありますよ。

F：うーん、漢字認識機能はよさそうですよね。発音は聞けなくてもいいんですけど、カタカナ語辞典はあったら便利ですね。じゃ、これにします。

留学生はどの電子辞書を買うことにしましたか。

1．1番の電子辞書

2．2番の電子辞書

3．3番の電子辞書

4．4番の電子辞書

2番

家族三人がペットについて話しています。

M1：ねえねえ、僕、犬飼いたいんだ。飼ってもいい？

M2：うーん、犬かあ。

F ：だめだめ。犬って家族と一緒なのよ。一度飼ったら、途中でやめるわけにはいかないのよ。

N1：僕がちゃんと世話するから。

F ：でもね、前欲しい欲しいって言って飼った金魚だって、結局、今、だれがえさをあげてる？

M1：お母さん。だって、金魚って一緒に遊べないから。今度こそちゃんと世話するから。お願い。

M2：うーん、まあ、お父さんは、犬を飼うことには賛成だよ。遊び相手になってくれるだろうし。

M1：本当？

M2：うん、でも一つ条件があるんだ。

M1：条件？

M2：うん。まず、金魚の世話をちゃんとすること。それができたら飼ってもいいよ。金魚の世話
　　ができないのに犬の世話ができるはずないからな。

M1：分かった。僕、頑張って世話するよ。それなら、お母さんもいいでしょ？

F ：そうね。しょうがないわね。

両親はどうすることに決めましたか。

　1．世話が大変なので、犬は飼わない

　2．すでに金魚がいるので、犬は飼わない

　3．子供が一緒に遊べるので、すぐに犬を飼う

　4．子供に金魚の世話ができたら、犬を飼う

3番

ラジオでプレゼントするCDの紹介をしています。

F1：えー、では、番組からの今日のプレゼントです。今日はCDを4枚ご用意しました。それぞ
　　れ1枚、4名の方にプレゼントします。今からご紹介しますので、ぜひご応募くださいね。
　　えー、1番目はクラシックの曲をピアノで演奏したものです。静かな曲が多いので、私
　　は夜寝る前によく聴いてるんですよ。次、2番目は、世界の民俗音楽をその地域の太鼓で
　　力強く演奏したもので、聴いていると力がわいてきます。3番目は、年代別にはやった歌
　　を集めたCDで、聴いていると、その時代を思い出しますね。そして最後、4番目は、私
　　が最近出したCDです。最近子供が生まれたので、子供に歌って聴かせたい曲ばかりを集
　　めて、作ってみました。

M ：へえ、この人って、歌も歌うんだね。知らなかった。

F2：ほんとだね。私、応募してみようかな。

M　：え？この人の歌、聴いてみたいの？

F2：そうじゃなくて。私、最近夜眠れないのよ。だから。この人も寝る前に聴いてるって言ってたし。

M　：あ、そっちね。じゃ、僕も応募しようかな。カラオケでよく上司が歌ってる昔の歌っていい曲多いんだよね。CDもらえるんだったら聴いてみたいな。

F2：そうなんだ。太鼓習ってるからそっちにすると思った。

質問1．女の人はどのCDに応募したいと言っていますか。

質問2．男の人はどのCDに応募したいと言っていますか。

3

日本語能力試験の概要

① 日本語能力試験について

　日本語能力試験は、日本語を母語としない人の日本語能力を測定し認定する試験として、国際交流基金と日本国際教育支援協会が 1984 年に開始しました。

　試験は日本国内そして世界各地で、1 年に 2 回、一斉に実施しています。2011 年は、海外では 61 の国・地域の 198 都市、日本では 40 都道府県で実施しました。試験会場は毎年増えています。

日本語能力試験の実施都市（2011 年）

日本 40 都道府県
韓国 25 都市
世界 62 の国・地域
238 都市

　国際交流基金が 3 年ごとに実施している「海外日本語教育機関調査」によると、海外の日本語学習者数は、1979 年には約 12 万 7 千人でしたが、2009 年には約 365 万人になりました。国内の日本語学習者数も、2009 年度には過去最高の約 17 万 1 千人[1]になりました。日本語学習者数が増えると共に、日本語能力試験の受験者数も増え、2011 年には全世界で約 61 万人が受験しました。日本語能力試験は、日本語の試験の中では世界最大規模の試験です。

日本語能力試験の受験者数と実施都市数（国内海外合計）[2]

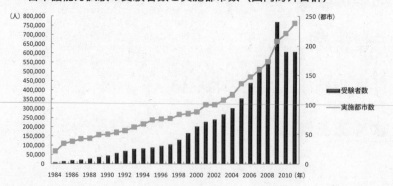

■ 受験者数
― 実施都市数

※ 1　文化庁「平成 21 年度国内の日本語教育の概要」より。

※ 2　2009 年は、試験を 1 年に 2 回実施した最初の年であり、また、試験改定前の最後の年にもあたり、過去最高の約 77 万人が受験しました。

　近年、日本語能力試験の受験者層は小学生から社会人まで幅広くなり、受験目的も、実力の測定に加え、就職や昇給・昇進のため、大学や大学院などへの入学のためと、変化や拡がりが見られるようになりました。

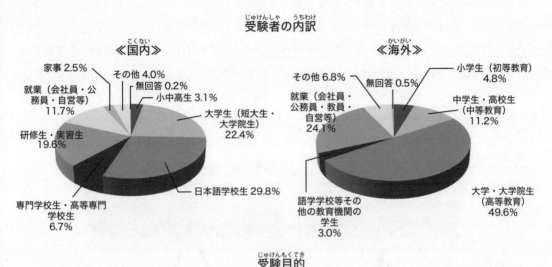

受験者の内訳

≪国内≫

- 家事 2.5%
- 就業（会社員・公務員・自営等）11.7%
- 研修生・実習生 19.6%
- 専門学校生・高等専門学校生 6.7%
- その他 4.0%
- 無回答 0.2%
- 小中高生 3.1%
- 大学生（短大生・大学院生）22.4%
- 日本語学校生 29.8%

≪海外≫

- その他 6.8%
- 就業（会社員・公務員・教員・自営等）24.1%
- 語学学校等その他の教育機関の学生 3.0%
- 無回答 0.5%
- 小学生（初等教育）4.8%
- 中学生・高校生（中等教育）11.2%
- 大学・大学院生（高等教育）49.6%

受験目的

≪国内≫

受験目的	割合
日本語の実力測定のため	60.7%
就職のため	14.0%
大学学部入試のため	11.6%
大学院入試のため	6.5%
専門学校入試のため	3.0%
奨学金申請のため	1.5%
短期大学入試のため	0.3%
その他	2.3%
無回答	0.1%
合計	100.0%

≪海外≫

受験目的	割合
自分の実力が知りたい	34.0%
自分の仕事やこれからの就職・昇給・昇進に役立つ（自分の国で）	30.7%
大学や大学院入学に必要（自分の国で）	10.8%
自分の仕事やこれからの就職・昇給・昇進に役立つ（日本で）	5.3%
大学や大学院入学に必要（日本で）	5.1%
その他の教育機関での入学や能力証明に必要（自分の国で）	4.9%
その他の教育機関での入学や能力証明に必要（日本で）	2.3%
その他	6.3%
無回答	0.6%
合計	100.0%

＊上のグラフと表は、2011 年第 2 回（12 月）試験の受験願書を通じて行った調査の結果です（回答者数：国内 70,413 人、海外 275,674 人）。

＊調査の選択項目は、それぞれの状況に合わせて作られたため、国内と海外で異なっています。

　このような変化に対応して、国際交流基金と日本国際教育支援協会は、試験開始から 20 年以上の間に発展してきた日本語教育学やテスト理論の研究成果と、これまでに蓄積してきた試験結果のデータなどを用いて、日本語能力試験の内容を改定し、2010 年から新しい日本語能力試験を実施しています。

② 日本語能力試験の特徴

（1）課題遂行のための言語コミュニケーション能力を測ります

日本語能力試験では、①日本語の文字や語彙、文法についてどのくらい知っているか、ということだけでなく、②その知識を利用してコミュニケーション上の課題を遂行できるか、ということも大切だと考えています。私たちが生活の中で行っている様々な「課題」のうち、言語を必要とするものを遂行するためには、言語知識だけでなく、それを実際に利用する力も必要だからです。そこで、この試験では、①を測るための「言語知識」、②を測るための「読解」「聴解」という３つの要素により、総合的に日本語のコミュニケーション能力を測っています。

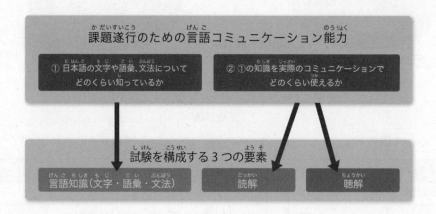

大規模試験のため、解答は選択枝※1によるマークシート方式で行います。話したり書いたりする能力を直接測る試験科目はありません。

（2）５段階のレベルから、自分に合ったレベルが選べます

日本語能力試験には、５段階（N1、N2、N3、N4、N5）のレベルがあります。できるだけきめ細かく日本語能力を測るために、試験問題はレベルごとに作られています。

N4とN5では、主に教室内で学ぶ基本的な日本語がどのくらい理解できているかを測ります。N1とN2では、現実の生活の幅広い場面で使われる日本語がどのくらい理解できるかを測ります。N3は、N4、N5からN1、N2への橋渡しのレベルです。

各レベルの詳しい説明は、次の「③ 認定の目安」を見てください。

※1 本書では、日本テスト学会での使用例にしたがって、「選択肢」ではなく「選択枝」という用語を使っています。

（3）尺度得点で日本語能力をより正確に測ります

　異なる時期に実施される試験ではどんなに慎重に問題を作成しても、試験の難易度が毎回多少変動します。そのため、試験の得点を「素点」（何問正解したかを計算する得点）で出すと、試験が難しかったときと易しかったときとでは、同じ能力でも違う得点になることがあります。そこで、日本語能力試験の得点は、素点ではなく、「尺度得点」を導入しています。尺度得点は「等化」という方法を用いた、いつも同じ尺度（ものさし）で測れるような得点です。

　尺度得点を利用することで、試験を受けたときの日本語能力をより正確に、公平に、得点に表すことができます。尺度得点についての詳しい説明は、「⑦　尺度得点について」を見てください。

（4）『日本語能力試験 Can-do 自己評価レポート』を提供します

　日本語能力試験では、2010 年と 2011 年の受験者に対して、「日本語を使ってどのようなことができると考えているか」についてのアンケート調査を行いました。そして、各レベルの合格者の回答結果を、日本語能力試験公式ウェブサイトの「日本語能力試験 Can-do 自己評価調査プロジェクト」（http://www.jlpt.jp/about/candoproject.html）で公表しています。この調査は自己評価に基づくものですから、それぞれの合格者が実際にできることやできないことを正確に表したものではありません。しかし、各レベルの合格者が、自分の日本語能力についてどう思っているかを知ることはできます。そして、受験者やまわりの人々が、「このレベルの合格者は日本語を使ってどんなことができそうか」というイメージを作るための参考にすることができます。

日本語能力試験Can-do自己評価　聞く
レポート（N1-N3）≪中間報告≫

4：できる、3：難しいがなんとかできる、2：あまりできない、1：できない　の4段階で自己評価してもらいました。
表の数値は、各レベルの合格者による自己評価の平均値です。項目は、N1 合格者の評価を基準に、難しいと思われているものから並べ替えました。

	N1	N2	N3
政治や経済などについてのテレビのニュースを見て、要点が理解できる	2.92	2.33	2.04
仕事や専門に関する問い合わせを聞いて、内容が理解できる	2.99	2.47	2.25
社会問題を扱ったテレビのドキュメンタリー番組を見て、話の要点が理解できる	3.09	2.50	2.23
あまりなじみのない話題の会話でも話の要点が理解できる	3.17	2.71	2.49
フォーマルな席（例：歓迎会など）でのスピーチを聞いて、だいたいの内容が理解できる	3.17	2.65	2.40
最近メディアで話題になっていることについての会話で、だいたいの内容が理解できる	3.22	2.72	2.41
関心あるテーマの議論や討論で、だいたいの内容が理解できる	3.35	2.92	2.65
学校や職場の会話で、話の流れが理解できる	3.35	2.94	2.70
関心あるテーマの講義や講演を聞いて、だいたいの内容が理解できる	3.37	2.95	2.73
思いがけない出来事（例：事故など）についてのアナウンスを聞いてだいたい理解できる	3.39	2.97	2.74

　左のサンプルは 2011 年 6 月に、日本語能力試験公式ウェブサイトに掲載した『日本語能力試験 Can-do 自己評価レポート』の中間報告です[2]。レポートは、「聞く」、「話す」、「読む」、「書く」の 4 つのセクションに分かれています。

　表の数字は、各レベルの合格者による自己評価（4：できる、3：難しいがなんとかできる、2：あまりできない、1：できない）の平均値です。Can-do の項目は、難しいと評価された順に並べました。

※ 2　2012 年 9 月に、この調査の最終報告として、「日本語能力試験 Can-do 自己評価リスト」を日本語能力試験公式ウェブサイト（http://www.jlpt.jp/about/candolist.html）で公表しました。

③ 認定の目安

　各レベルの認定の目安は下のとおりです。認定の目安を「読む」、「聞く」という言語行動で表しています。それぞれのレベルには、それぞれの言語行動を実現するための言語知識が必要です。

レベル	認定の目安
N1	**幅広い場面で使われる日本語を理解することができる** **読む** ・幅広い話題について書かれた新聞の論説、評論など、論理的にやや複雑な文章や抽象度の高い文章などを読んで、文章の構成や内容を理解することができる。 ・さまざまな話題の内容に深みのある読み物を読んで、話の流れや詳細な表現意図を理解することができる。 **聞く** ・幅広い場面において自然なスピードの、まとまりのある会話やニュース、講義を聞いて、話の流れや内容、登場人物の関係や内容の論理構成などを詳細に理解したり、要旨を把握したりすることができる。
N2	**日常的な場面で使われる日本語の理解に加え、より幅広い場面で使われる日本語をある程度理解することができる** **読む** ・幅広い話題について書かれた新聞や雑誌の記事・解説、平易な評論など、論旨が明快な文章を読んで文章の内容を理解することができる。 ・一般的な話題に関する読み物を読んで、話の流れや表現意図を理解することができる。 **聞く** ・日常的な場面に加えて幅広い場面で、自然に近いスピードの、まとまりのある会話やニュースを聞いて、話の流れや内容、登場人物の関係を理解したり、要旨を把握したりすることができる。
N3	**日常的な場面で使われる日本語をある程度理解することができる** **読む** ・日常的な話題について書かれた具体的な内容を表す文章を、読んで理解することができる。 ・新聞の見出しなどから情報の概要をつかむことができる。 ・日常的な場面で目にする難易度がやや高い文章は、言い換え表現が与えられれば、要旨を理解することができる。 **聞く** ・日常的な場面で、やや自然に近いスピードのまとまりのある会話を聞いて、話の具体的な内容を登場人物の関係などとあわせてほぼ理解できる。
N4	**基本的な日本語を理解することができる** **読む** ・基本的な語彙や漢字を使って書かれた日常生活の中でも身近な話題の文章を、読んで理解することができる。 **聞く** ・日常的な場面で、ややゆっくりと話される会話であれば、内容がほぼ理解できる。
N5	**基本的な日本語をある程度理解することができる** **読む** ・ひらがなやカタカナ、日常生活で用いられる基本的な漢字で書かれた定型的な語句や文、文章を読んで理解することができる。 **聞く** ・教室や、身の回りなど、日常生活の中でもよく出会う場面で、ゆっくり話される短い会話であれば、必要な情報を聞き取ることができる。

むずかしい → やさしい

④ 試験科目と試験（解答）時間

次の「⑤ 得点区分」でも述べるように、試験科目と得点区分は、分け方が異なります。

まず、実際に試験を受けるときの試験科目について、説明します。各レベルの試験科目と試験（解答）時間は下のとおりです。

レベル	試験科目 (試験 [解答] 時間)		
N1	言語知識（文字・語彙・文法）・読解 （110分）		聴解 （60分）
N2	言語知識（文字・語彙・文法）・読解 （105分）		聴解 （50分）
N3	言語知識（文字・語彙） （30分）	言語知識（文法）・読解 （70分）	聴解 （40分）
N4	言語知識（文字・語彙） （30分）	言語知識（文法）・読解 （60分）	聴解 （35分）
N5	言語知識（文字・語彙） （25分）	言語知識（文法）・読解 （50分）	聴解 （30分）

＊試験（解答）時間は変更される場合があります。また「聴解」は、試験問題の録音の長さによって試験（解答）時間が多少変わります。

N1とN2の試験科目は「言語知識（文字・語彙・文法）・読解」と「聴解」の2科目です。

N3、N4、N5の試験科目は「言語知識（文字・語彙）」「言語知識（文法）・読解」「聴解」の3科目です。

5 得点区分

　得点は、得点区分ごとに出されます。4で説明した試験科目と得点区分とは、分け方が異なります。

　試験科目と得点区分の対応、得点の範囲は、下の表のようになっています。得点はすべて尺度得点です。尺度得点については、「7 尺度得点について」で説明します。

N1・N2 （総合得点の範囲：0～180点）

試験科目	言語知識（文字・語彙・文法）・読解		聴解
得点区分	言語知識（文字・語彙・文法）	読解	聴解
得点の範囲	0～60点	0～60点	0～60点

N3 （総合得点の範囲：0～180点）

試験科目	言語知識（文字・語彙）	言語知識（文法）・読解	聴解
得点区分	言語知識（文字・語彙・文法）	読解	聴解
得点の範囲	0～60点	0～60点	0～60点

N4・N5 （総合得点の範囲：0～180点）

試験科目	言語知識（文字・語彙）	言語知識（文法）・読解	聴解
得点区分	言語知識（文字・語彙・文法）・読解		聴解
得点の範囲	0～120点		0～60点

＊得点はすべて尺度得点です。

　N1、N2、N3の得点区分は「言語知識（文字・語彙・文法）」「読解」「聴解」の3区分です。
　N4とN5の得点区分は「言語知識（文字・語彙・文法）・読解」と「聴解」の2区分です。

　試験科目も、得点区分も、「言語知識」「読解」「聴解」の3つが基本ですが、より正確な日本語能力を測定するために、それぞれのレベルの学習段階の特徴に合わせ、レベルによって試験科目や得点区分の分け方を変えています。

6 試験の結果

（1）合否の判定

　すべての試験科目を受験して、①すべての得点区分の得点が基準点以上で、②総合得点が合格点以上なら合格になります。各得点区分に基準点を設けるのは、「言語知識」「読解」「聴解」のどの要素の能力もそれぞれ一定程度備えているかどうか、評価するためです。得点区分の得点が１つでも基準点に達していない場合は、総合得点がどんなに高くても不合格になります。

　基準点と合格点は下のとおりです。

N1・N2・N3

レベル	得点区分別得点						総合得点	
	言語知識 （文字・語彙・文法）		読解		聴解		得点の範囲	合格点
	得点の範囲	基準点	得点の範囲	基準点	得点の範囲	基準点		
N1	0〜60点	19点	0〜60点	19点	0〜60点	19点	0〜180点	100点
N2	0〜60点	19点	0〜60点	19点	0〜60点	19点	0〜180点	90点
N3	0〜60点	19点	0〜60点	19点	0〜60点	19点	0〜180点	95点

N4・N5

レベル	得点区分別得点				総合得点	
	言語知識（文字・語彙・文法）・読解		聴解		得点の範囲	合格点
	得点の範囲	基準点	得点の範囲	基準点		
N4	0〜120点	38点	0〜60点	19点	0〜180点	90点
N5	0〜120点	38点	0〜60点	19点	0〜180点	80点

＊得点はすべて尺度得点です。

　例えば、N1 の場合、すべての得点区分が 19 点以上で、総合得点が 100 点以上なら、合格になりますが、得点区分が１つでも 18 点以下であったり、総合得点が 99 点以下であった場合は、不合格になります。

（2）試験結果の通知

　受験者には、「合否結果通知書」を送ります。この通知書には、「合格」「不合格」のほかに、下の図の例のように、①「得点区分別得点」と②得点区分別の得点を合計した「総合得点」、③今後の日本語学習のための「参考情報」が記されています。③「参考情報」は合否判定の対象ではありません。

合否結果通知書サンプル（Ｎ１〜Ｎ３用）

≪国内≫　　　　　　　　　　　　　　　　　　　　　≪海外≫

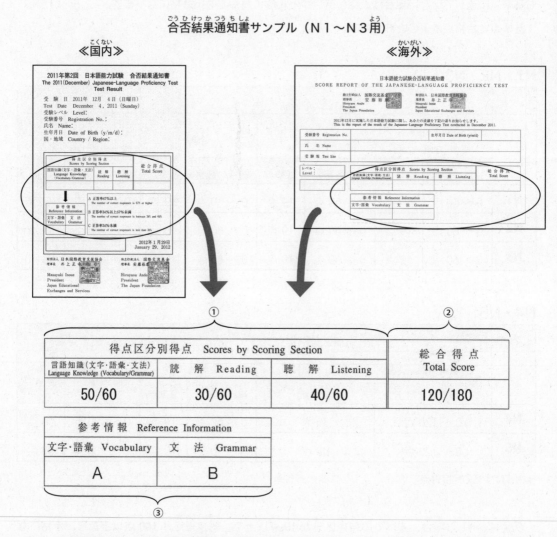

得点区分別得点　Scores by Scoring Section			総合得点 Total Score
言語知識（文字・語彙・文法） Language Knowledge (Vocabulary/Grammar)	読　解　Reading	聴　解　Listening	
50/60	30/60	40/60	120/180

参　考　情　報　Reference Information	
文字・語彙 Vocabulary	文　法　Grammar
A	B

　③「参考情報」は、得点区分が複数の部分を含んでいるとき、つまり、N1、N2、N3は「文字・語彙」と「文法」について、N4とN5では「文字・語彙」「文法」「読解」について、記されます。ここに挙げた例では、「言語知識（文字・語彙・文法）」について、参考情報を見ると「文字・語彙」はAで、「文法」はBだったことがわかります。A、B、Cの段階は、次の正答率を示しています。

A	正答率 67％以上
B	正答率 34％以上 67％未満
C	正答率 34％未満

　この「正答率」とは、それぞれの部分の全問題数の中で、正解した問題数の割合のことです。「いくつの問題に正しく答えたか」を表し、⑦で説明する尺度得点とは異なる方法で出しています。この「参考情報」は、合否判定には直接関係ありません。受験者が自分の能力の傾向を知ることによって、今後の日本語の学習の参考にすることができます。

⑦ 尺度得点について

（1）「素点」と「尺度得点」

　日本語能力試験の得点は「尺度得点」で出しています。

　試験には、得点を「素点」で出す方法もあります。「素点」は、いくつの問題に正しく答えたかをもとに計算する得点です。例えば、1つ2点の問題があって、正しく答えた問題数が10だったら20点、というように出します。しかし、試験問題は毎回変わるため、問題の難易度を毎回完全に一定に保つことはとても難しいです。ですから、素点では、試験問題が難しかったときの「10問正解・20点」と、試験問題が易しかったときの「10問正解・20点」が表す日本語能力は異なることになります。逆に言えば、同じ日本語能力の受験者であっても、試験問題が難しかったときと易しかったときとで、同じ得点にはなりません。

　これに対して、日本語能力試験では、受験者の日本語能力と試験結果を、より公平に対応づけるため、異なる時期に実施された試験でも、いつも同じ尺度（ものさし）で測れるような得点の出し方をしています。これを「尺度得点」と言います。

（2）尺度得点の利点

　尺度得点には、「試験の難易度と独立して日本語能力を評価し、統一の尺度に基づいて数値化できる」という、能力測定の方法論上、大変有益な特長があります。この特長により、受験者の日本語能力が同じなら、いつの試験を受験しても、同じ得点になります。また、同じレベルの得点なら、異なる回の試験で出された「尺度得点の差」を「日本語能力の差」として考えることが可能になります。

（3）尺度得点の算出過程

　尺度得点を算出する具体的な方法は、「項目応答理論 (Item Response Theory; IRT)」という統計的テスト理論に基づいています。この手続きは、素点の算出法とは全く異なります。

　まず、受験者一人一人が、それぞれの問題にどのように答えたか（正解したか、まちがったか）を調べます。それにより、受験者一人一人について「解答のパターン」が出ます。このそれぞれの「解答のパターン」を、各レベルの各得点区分のために作られた尺度（ものさし）の上に位置づけて、得点を出していきます。例えば、下の図のように、10問の試験問題で構成される試験では、どの問題に正解したか、まちがったかについて、最大で $2^{10} = 1,024$ 通りの解答パターンが存在します。日本語能力試験の場合、「⑤　得点区分」で述べたように、1つの得点区分は 0 ～ 60 点（N4 と N5 の「言語知識（文字・語彙・文法）・読解」では 0 ～ 120 点）の尺度になっています。ここに、解答パターンを位置づけていきます。つまり、10問の場合、最大で 1,024 通りある解答パターンを 61 のグループに分類することになります。実際の試験では、問題の数がもっと多いので、解答パターンの数ももっと多くなります。そのため、ある 2 名の受験者について、互いに正答数や解答パターンは違っていても、同じ尺度得点になる場合もあります。逆に、正答数は同じでも解答パターンが異なるため、尺度得点が異なる場合もあります。

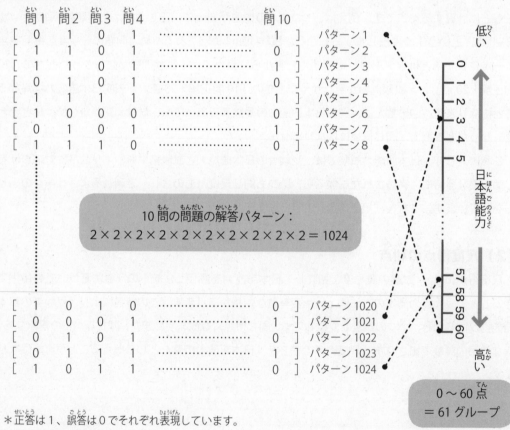

＊正答は 1、誤答は 0 でそれぞれ表現しています。

＊この対応付けは例です。

8 問題の構成と大問のねらい

(1) 問題の構成

各レベルで出題する問題の構成は下のとおりです。

試験科目		大問*	小問数**				
			N1	N2	N3	N4	N5
言語知識・読解	文字・語彙	漢字読み	6	5	8	9	12
		表記	—	5	6	6	8
		語形成	—	5	—	—	—
		文脈規定	7	7	11	10	10
		言い換え類義	6	5	5	5	5
		用法	6	5	5	5	—
		小問数合計	25	32	35	35	35
	文法	文の文法1（文法形式の判断）	10	12	13	15	16
		文の文法2（文の組み立て）	5	5	5	5	5
		文章の文法	5	5	5	5	5
		小問数合計	20	22	23	25	26
	読解***	内容理解（短文）	4	5	4	4	3
		内容理解（中文）	9	9	6	4	2
		内容理解（長文）	4	—	4	—	—
		統合理解	3	2	—	—	—
		主張理解（長文）	4	3	—	—	—
		情報検索	2	2	2	2	1
		小問数合計	26	21	16	10	6
聴解		課題理解	6	5	6	8	7
		ポイント理解	7	6	6	7	6
		概要理解	6	5	3	—	—
		発話表現	—	—	4	5	5
		即時応答	14	12	9	8	6
		統合理解	4	4	—	—	—
		小問数合計	37	32	28	28	24

* 「大問」とは、各試験科目で出題する問題を、測ろうとしている能力ごとにまとめたものです。

** 「小問数」は毎回の試験で出題される小問数の目安で、実際の試験での出題数は多少異なる場合があります。

また、小問数は変更される場合があります。

*** 「読解」では、1つのテキスト（本文）に対して、複数の問題がある場合もあります。

（2）大問のねらい

　下の表は、各レベルの「大問のねらい」を具体的に説明したものです。（「大問のねらい」の多言語翻訳版は、日本語能力試験公式ウェブサイト〈www.jlpt.jp〉に載っています。）

N1

試験科目 （試験時間）			問題の構成		
			大問	小問数*	ねらい
言語知識 ・ 読解 （110分）	文字・語彙	1	漢字読み	6	漢字で書かれた語の読み方を問う
		2	文脈規定	7	文脈によって意味的に規定される語が何であるかを問う
		3	言い換え類義	6	出題される語や表現と意味的に近い語や表現を問う
		4	用法	6	出題語が文の中でどのように使われるのかを問う
	文法	5	文の文法1 （文法形式の判断）	10	文の内容に合った文法形式かどうかを判断することができるかを問う
		6	文の文法2 （文の組み立て）	5	統語的に正しく、かつ、意味が通る文を組み立てることができるかを問う
		7	文章の文法	5	文章の流れに合った文かどうかを判断することができるかを問う
	読解**	8	内容理解 （短文）	4	生活・仕事などいろいろな話題も含め、説明文や指示文など200字程度のテキストを読んで、内容が理解できるかを問う
		9	内容理解 （中文）	9	評論、解説、エッセイなど500字程度のテキストを読んで、因果関係や理由などが理解できるかを問う
		10	内容理解 （長文）	4	解説、エッセイ、小説など1000字程度のテキストを読んで、概要や筆者の考えなどが理解できるかを問う
		11	統合理解	3	複数のテキスト（合計600字程度）を読み比べて、比較・統合しながら理解できるかを問う
		12	主張理解 （長文）	4	社説、評論など抽象性・論理性のある1000字程度のテキストを読んで、全体として伝えようとしている主張や意見がつかめるかを問う
		13	情報検索	2	広告、パンフレット、情報誌、ビジネス文書などの情報素材（700字程度）の中から必要な情報を探し出すことができるかを問う
聴解 （60分）		1	課題理解	6	まとまりのあるテキストを聞いて、内容が理解できるかどうかを問う（具体的な課題解決に必要な情報を聞き取り、次に何をするのが適当か理解できるかを問う）
		2	ポイント理解	7	まとまりのあるテキストを聞いて、内容が理解できるかどうかを問う（事前に示されている聞くべきことをふまえ、ポイントを絞って聞くことができるかを問う）
		3	概要理解	6	まとまりのあるテキストを聞いて、内容が理解できるかどうかを問う（テキスト全体から話者の意図や主張などが理解できるかを問う）
		4	即時応答	14	質問などの短い発話を聞いて、適切な応答が選択できるかを問う
		5	統合理解	4	長めのテキストを聞いて、複数の情報を比較・統合しながら、内容が理解できるかを問う

＊　「小問数」は毎回の試験で出題される小問数の目安で、実際の試験での出題数は多少異なる場合があります。また、小問数は変更される場合があります。

＊＊「読解」では、1つのテキスト（本文）に対して、複数の問題がある場合もあります。

N2

<table>
<tr><td rowspan="2">試験科目
(試験時間)</td><td colspan="4">問題の構成</td></tr>
<tr><td colspan="2">大問</td><td>小*
問
数</td><td>ねらい</td></tr>
<tr><td rowspan="14">言語知識
・
読解

(105分)</td><td rowspan="6">文字・語彙</td><td>1</td><td>漢字読み</td><td>5</td><td>漢字で書かれた語の読み方を問う</td></tr>
<tr><td>2</td><td>表記</td><td>5</td><td>ひらがなで書かれた語が、漢字でどのように書かれるかを問う</td></tr>
<tr><td>3</td><td>語形成</td><td>5</td><td>派生語や複合語の知識を問う</td></tr>
<tr><td>4</td><td>文脈規定</td><td>7</td><td>文脈によって意味的に規定される語が何であるかを問う</td></tr>
<tr><td>5</td><td>言い換え類義</td><td>5</td><td>出題される語や表現と意味的に近い語や表現を問う</td></tr>
<tr><td>6</td><td>用法</td><td>5</td><td>出題語が文の中でどのように使われるのかを問う</td></tr>
<tr><td rowspan="3">文法</td><td>7</td><td>文の文法1
(文法形式の判断)</td><td>12</td><td>文の内容に合った文法形式かどうかを判断することができるかを問う</td></tr>
<tr><td>8</td><td>文の文法2
(文の組み立て)</td><td>5</td><td>統語的に正しく、かつ、意味が通る文を組み立てることができるかを問う</td></tr>
<tr><td>9</td><td>文章の文法</td><td>5</td><td>文章の流れに合った文かどうかを判断することができるかを問う</td></tr>
<tr><td rowspan="5">読解**</td><td>10</td><td>内容理解
(短文)</td><td>5</td><td>生活・仕事などいろいろな話題も含め、説明文や指示文など200字程度のテキストを読んで、内容が理解できるかを問う</td></tr>
<tr><td>11</td><td>内容理解
(中文)</td><td>9</td><td>比較的平易な内容の評論、解説、エッセイなど500字程度のテキストを読んで、因果関係や理由、概要や筆者の考え方などが理解できるかを問う</td></tr>
<tr><td>12</td><td>統合理解</td><td>2</td><td>比較的平易な内容の複数のテキスト(合計600字程度)を読み比べて、比較・統合しながら理解できるかを問う</td></tr>
<tr><td>13</td><td>主張理解
(長文)</td><td>3</td><td>論理展開が比較的明快な評論など、900字程度のテキストを読んで、全体として伝えようとしている主張や意見がつかめるかを問う</td></tr>
<tr><td>14</td><td>情報検索</td><td>2</td><td>広告、パンフレット、情報誌、ビジネス文書などの情報素材(700字程度)の中から必要な情報を探し出すことができるかを問う</td></tr>
<tr><td rowspan="5">聴解

(50分)</td><td colspan="2">　</td><td></td><td></td><td></td></tr>
</table>

<table>
<tr><td rowspan="5">聴解

(50分)</td><td>1</td><td>課題理解</td><td>5</td><td>まとまりのあるテキストを聞いて、内容が理解できるかどうかを問う(具体的な課題解決に必要な情報を聞き取り、次に何をするのが適当か理解できるかを問う)</td></tr>
<tr><td>2</td><td>ポイント理解</td><td>6</td><td>まとまりのあるテキストを聞いて、内容が理解できるかどうかを問う(事前に示されている聞くべきことをふまえ、ポイントを絞って聞くことができるかを問う)</td></tr>
<tr><td>3</td><td>概要理解</td><td>5</td><td>まとまりのあるテキストを聞いて、内容が理解できるかどうかを問う(テキスト全体から話者の意図や主張などが理解できるかを問う)</td></tr>
<tr><td>4</td><td>即時応答</td><td>12</td><td>質問などの短い発話を聞いて、適切な応答が選択できるかを問う</td></tr>
<tr><td>5</td><td>統合理解</td><td>4</td><td>長めのテキストを聞いて、複数の情報を比較・統合しながら、内容が理解できるかを問う</td></tr>
</table>

* 「小問数」は毎回の試験で出題される小問数の目安で、実際の試験での出題数は多少異なる場合があります。また、小問数は変更される場合があります。

** 「読解」では、1つのテキスト(本文)に対して、複数の問題がある場合もあります。

N3

試験科目 (試験時間)			問題の構成		
			大問	小問数	ねらい
言語知識 (30分)	文字・語彙	1	漢字読み	8	漢字で書かれた語の読み方を問う
		2	表記	6	ひらがなで書かれた語が、漢字でどのように書かれるかを問う
		3	文脈規定	11	文脈によって意味的に規定される語が何であるかを問う
		4	言い換え類義	5	出題される語や表現と意味的に近い語や表現を問う
		5	用法	5	出題語が文の中でどのように使われるのかを問う
言語知識・読解 (70分)	文法	1	文の文法1 (文法形式の判断)	13	文の内容に合った文法形式かどうかを判断することができるかを問う
		2	文の文法2 (文の組み立て)	5	統語的に正しく、かつ、意味が通る文を組み立てることができるかを問う
		3	文章の文法	5	文章の流れに合った文かどうかを判断することができるかを問う
	読解	4	内容理解 (短文)	4	生活・仕事などいろいろな話題も含め、説明文や指示文など150～200字程度の書き下ろしのテキストを読んで、内容が理解できるかを問う
		5	内容理解 (中文)	6	書き下ろした解説、エッセイなど350字程度のテキストを読んで、キーワードや因果関係などが理解できるかを問う
		6	内容理解 (長文)	4	解説、エッセイ、手紙など550字程度のテキストを読んで、概要や論理の展開などが理解できるかを問う
		7	情報検索	2	広告、パンフレットなどの書き下ろした情報素材(600字程度)の中から必要な情報を探し出すことができるかを問う
聴解 (40分)		1	課題理解	6	まとまりのあるテキストを聞いて、内容が理解できるかどうかを問う(具体的な課題解決に必要な情報を聞き取り、次に何をするのが適当か理解できるかを問う)
		2	ポイント理解	6	まとまりのあるテキストを聞いて、内容が理解できるかどうかを問う(事前に示されている聞くべきことをふまえ、ポイントを絞って聞くことができるかを問う)
		3	概要理解	3	まとまりのあるテキストを聞いて、内容が理解できるかどうかを問う(テキスト全体から話者の意図や主張などが理解できるかを問う)
		4	発話表現	4	イラストを見ながら、状況説明を聞いて、適切な発話が選択できるかを問う
		5	即時応答	9	質問などの短い発話を聞いて、適切な応答が選択できるかを問う

* 「小問数」は毎回の試験で出題される小問数の目安で、実際の試験での出題数は多少異なる場合があります。また、小問数は変更される場合があります。

** 「読解」では、1つのテキスト(本文)に対して、複数の問題がある場合もあります。

N4

試験科目 （試験時間）		問題の構成		
		大問	小問数*	ねらい
言語知識 （30分）	文字・語彙	1　漢字読み	9	漢字で書かれた語の読み方を問う
		2　表記	6	ひらがなで書かれた語が、漢字でどのように書かれるかを問う
		3　文脈規定	10	文脈によって意味的に規定される語が何であるかを問う
		4　言い換え類義	5	出題される語や表現と意味的に近い語や表現を問う
		5　用法	5	出題語が文の中でどのように使われるのかを問う
言語知識・読解 （60分）	文法	1　文の文法1 （文法形式の判断）	15	文の内容に合った文法形式かどうかを判断することができるかを問う
		2　文の文法2 （文の組み立て）	5	統語的に正しく、かつ、意味が通る文を組み立てることができるかを問う
		3　文章の文法	5	文章の流れに合った文かどうかを判断することができるかを問う
	読解**	4　内容理解 （短文）	4	学習・生活・仕事に関連した話題・場面の、やさしく書き下ろした100～200字程度のテキストを読んで、内容が理解できるかを問う
		5　内容理解 （中文）	4	日常的な話題・場面を題材にやさしく書き下ろした450字程度のテキストを読んで、内容が理解できるかを問う
		6　情報検索	2	案内やお知らせなど書き下ろした400字程度の情報素材の中から必要な情報を探し出すことができるかを問う
聴解 （35分）		1　課題理解	8	まとまりのあるテキストを聞いて、内容が理解できるかどうかを問う（具体的な課題解決に必要な情報を聞き取り、次に何をするのが適当か理解できるかを問う）
		2　ポイント理解	7	まとまりのあるテキストを聞いて、内容が理解できるかどうかを問う（事前に示されている聞くべきことをふまえ、ポイントを絞って聞くことができるかを問う）
		3　発話表現	5	イラストを見ながら、状況説明を聞いて、適切な発話が選択できるかを問う
		4　即時応答	8	質問などの短い発話を聞いて、適切な応答が選択できるかを問う

*　「小問数」は毎回の試験で出題される小問数の目安で、実際の試験での出題数は多少異なる場合があります。また、小問数は変更される場合があります。

**　「読解」では、1つのテキスト（本文）に対して、複数の問題がある場合もあります。

N5

試験科目 （試験時間）		問題の構成		
		大問	*小問数	ねらい
言語知識 （25分）	文字・語彙	1　漢字読み	12	漢字で書かれた語の読み方を問う
		2　表記	8	ひらがなで書かれた語が、漢字・カタカナでどのように書かれるかを問う
		3　文脈規定	10	文脈によって意味的に規定される語が何であるかを問う
		4　言い換え類義	5	出題される語や表現と意味的に近い語や表現を問う
言語知識 ・ 読解 （50分）	文法	1　文の文法1 （文法形式の判断）	16	文の内容に合った文法形式かどうかを判断することができるかを問う
		2　文の文法2 （文の組み立て）	5	統語的に正しく、かつ、意味が通る文を組み立てることができるかを問う
		3　文章の文法	5	文章の流れに合った文かどうかを判断することができるかを問う
	**読解	4　内容理解 （短文）	3	学習・生活・仕事に関連した話題・場面の、やさしく書き下ろした80字程度のテキストを読んで、内容が理解できるかを問う
		5　内容理解 （中文）	2	日常的な話題・場面を題材にやさしく書き下ろした250字程度のテキストを読んで、内容が理解できるかを問う
		6　情報検索	1	案内やお知らせなど書き下ろした250字程度の情報素材の中から必要な情報を探し出すことができるかを問う
聴解 （30分）		1　課題理解	7	まとまりのあるテキストを聞いて、内容が理解できるかどうかを問う（具体的な課題解決に必要な情報を聞き取り、次に何をするのが適当か理解できるかを問う）
		2　ポイント理解	6	まとまりのあるテキストを聞いて、内容が理解できるかどうかを問う（事前に示されている聞くべきことをふまえ、ポイントを絞って聞くことができるかを問う）
		3　発話表現	5	イラストを見ながら、状況説明を聞いて、適切な発話が選択できるかを問う
		4　即時応答	6	質問などの短い発話を聞いて、適切な応答が選択できるかを問う

*　「小問数」は毎回の試験で出題される小問数の目安で、実際の試験での出題数は多少異なる場合があります。また、小問数は変更される場合があります。

**　「読解」では、1つのテキスト（本文）に対して、複数の問題がある場合もあります。

⑨ よくある質問

（1）試験で測る能力について

Q 「課題遂行のための言語コミュニケーション能力」というのはどういうことですか。「課題」の意味も教えてください。

A 私たちは生活の中で、例えば「地図を見ながら目的の場所まで行く」とか「説明書を読みながら電気製品を使う」というような様々な「課題」に取り組んでいます。「課題」の中には、言語を必要とするものと、そうでないものがあります。

言語を必要とする「課題」を遂行するためには、文字・語彙・文法といった言語知識だけでなく、その言語知識を利用してコミュニケーション上の課題を遂行する能力も大切です。「課題遂行のための言語コミュニケーション能力」は、この両方を含んでいます。日本語能力試験では、文字・語彙・文法などの言語知識と、読む・聞くなどの言語行動（課題）がどこまでできるかという能力を総合的に測っています。

日本語能力試験の改定にあたり、旧試験[※1]の応募者に、受験願書を通じて、所属や受験目的などについてのアンケート調査を行いました。その調査結果から、「学習」「就業」「生活」の3つの領域において、日本語学習者が日本語を用いて、どんなことを行っているか、または将来行うと予想されるか、という「課題」を推測しました。この「課題」は、日本語能力試験の応募者のうち、約8割が海外の応募者であることも考慮して、学習者が多様な学習環境で出会う、現実の場面の様々なトピックを想定しています。

（2）レベルについて

Q1 受験するレベルはどのように決めればいいですか。

A1 78ページの「認定の目安」を参考にしてください。また、この『日本語能力試験公式問題集』で実際に試験に出る同じ形式の問題を解きながら、具体的にレベルを確かめることもできます。

また、旧試験を受けたことがあったり、旧試験の情報がある場合、今の試験のレベルは、旧試験の級と合否判定水準（合格ライン）において対応していますので、それも手がかりになります。

※1 2009年までの、改定前の日本語能力試験のこと。

Q2 日本語能力試験は、2010年に改定されたとき、問題形式が変更されたり新しい問題形式が追加されたりしましたが、今の試験のレベルと旧試験の級とはどのように合わせたのですか。

A2 今の試験では、統計分析の結果を踏まえて、合否判定水準（合格ライン）が旧試験とほぼ同じになるように設定しました。これにより、旧試験の1級、2級、3級、4級に合格できる日本語能力を持った受験者は、それぞれ今の試験のN1、N2、N4、N5に合格できる日本語能力を持っていると解釈できます。2010年に新設されたN3については、旧試験の2級と3級の合否判定水準における日本語能力レベルを統計学的に分析し、この間にN3の合格点が収まるように設定しました。

<参考>今の試験のレベルと旧試験の級の対応

N1	旧試験の1級とほぼ同じ。
N2	旧試験の2級とほぼ同じ。
N3	旧試験の2級と3級の間。
N4	旧試験の3級とほぼ同じ。
N5	旧試験の4級とほぼ同じ。

（3）試験科目や試験時間について

Q1 N3、N4、N5では、「言語知識」が、「言語知識（文字・語彙）」と「言語知識（文法）・読解」のように2つの試験科目に分かれているのはどうしてですか。

A1 N3、N4、N5は習得した言語知識がまだ少ないため、試験に出せる語彙や文法の項目が限られています。そのため、N1とN2のように1つの試験科目にまとめると、いくつかの問題がほかの問題のヒントになることがあります。このことを避けるために、N3、N4、N5では「言語知識（文字・語彙）」と「言語知識（文法）・読解」の2つの試験科目に分けています。

Q2 日本語能力試験には、会話や作文の試験がありますか。

A2 現段階ではどちらもありません。

（4）試験問題について

> **Q1** 日本語能力試験の解答方法は、すべてマークシートですか。
>
> **A1** はい、多枝選択によるマークシート方式です。選択枝の数はほとんど４つですが、「聴解」では３つの問題もあります。

> **Q2** N1 と N2 の「聴解」の最後の問題で、問題文に、「この問題には練習はありません」と書かれています。これはどういう意味ですか。
>
> **A2** 「聴解」のほかの問題には、受験者に問題形式や答え方を理解してもらうための例題がありますが、最後の問題にはそのような例題の練習がない、ということです。

> **Q3** 日本語能力試験では、日本に関する文化的な知識が必要な問題が出題されますか。
>
> **A3** 日本に関する文化的な知識そのものを問う問題はありません。文化的な内容が問題に含まれる場合もありますが、その知識がなければ解答できないような問題は出題していません。

（5）試験のための勉強について

> **Q1** 過去に出題された試験問題は出版されますか。
>
> **A1** 毎回の試験をそのまま問題集として出版することはしませんが、今後も一定期間ごとに、過去に出題した試験問題を使って問題集を発行する予定です。発行時期などは、日本語能力試験公式ウェブサイト〈www.jlpt.jp〉などで発表します。

> **Q2** 2010 年に試験が改定されてから、『出題基準』が非公開になったのはなぜですか。
>
> **A2** 日本語学習の最終目標は、語彙や漢字、文法項目を暗記するだけではなく、それらをコミュニケーションの手段として実際に利用できるようになることだと考えています。日本語能力試験では、その考え方から、「日本語の文字・語彙・文法といった言語知識」と共に、「その言語知識を利用して、コミュニケーション上の課題を遂行する能力」を測っています。そのため、語彙や漢字、文法項目のリストが掲載された『出題基準』の公開は必ずしも適切ではないと判断しました。
> 『出題基準』の代わりの情報として、「認定の目安」（78 ページ）や「問題の構成と

大問のねらい」（85 〜 90 ページ）があります。公開している問題例も参考にして
ください。また、今の試験のレベルは、旧試験の級と、合否判定水準（合格ライン）
において対応していますので、旧試験の試験問題や『出題基準』も手がかりになり
ます。

（6）申し込みと受験の手続きについて

Q1 試験は年に何回実施されますか。
A1 7月と12月の2回です。ただし海外では、7月の試験だけ実施する都市や、12月
の試験だけ実施する都市があります。詳しくは、日本語能力試験公式ウェブサイト
〈www.jlpt.jp〉を見てください。

Q2 試験の日は決まっていますか。
A2 7月と12月の初旬の日曜日に行います。（ただし海外では、7月の試験だけ実施す
る都市や、12月の試験だけ実施する都市があります。）

Q3 一部の試験科目だけ申し込むことはできますか。
A3 できません。

Q4 自分が住んでいる国や都市で日本語能力試験が実施されるかどうか、どうすればわ
かりますか。
A4 日本語能力試験の海外の実施国・地域や実施都市については、日本語能力試験公式
ウェブサイト〈www.jlpt.jp〉で確認できます。日本国内の実施都道府県については、
日本国際教育支援協会の日本語能力試験ウェブサイト〈info.jees-jlpt.jp〉で確認で
きます。

Q5 申し込みのとき、試験を受けたい国・地域にいませんが、どうしたらいいですか。
A5 必ず、受験地の実施機関に申し込みをしてください。自分で申し込みができなかっ
たら、受験地の友達や知っている人に頼んでください。

Q6 日本語能力試験はどんな人が受験できますか。

A6 母語が日本語でない人なら、だれでも受験できます。年齢制限もありません。

Q7 日本国籍を持っていますが母語は日本語ではありません。受験はできますか。

A7 母語が日本語でない人なら、だれでも受験できます。日本国籍を持っているかどうかは関係がありません。言語を使う状況は人によって違うので、その人の母語が日本語でないかどうかは、申し込みを受け付ける実施機関が判断します。迷ったら、実施機関に相談してください。

Q8 身体等に障害がある人の受験はできますか。

A8 はい、できます。身体等に障害がある人のために、受験特別措置を行っています。受験地の実施機関に問い合わせてください。受験特別措置を希望する人は、申し込みのとき、願書と共に「受験特別措置申請書」を提出することが必要です。

（7）得点と合否判定について

Q1 試験の結果を受け取ると、N4、N5 では、試験科目が別々だった「言語知識（文字・語彙）」と「言語知識（文法）・読解」が、1つの得点区分にまとまっています。なぜですか。

A1 日本語学習の基礎段階にある N4、N5 では、「言語知識」と「読解」の能力で重なる部分、未分化な部分が多いので、「言語知識」と「読解」の得点を別々に出すよりも、合わせて出す方が学習段階の特徴に合っていると考えたためです。

Q2 それぞれの得点区分の中で、各問題の配点はどのようになっていますか。

A2 試験の中には、各問題の配点を決めておき、正解した問題の配点を合計して、得点を出す方式もありますが、日本語能力試験では、「項目応答理論」に基づいた尺度得点方式なので、問題ごとの配点を合計するという方法ではありません。尺度得点についての説明は 83 〜 84 ページを見てください。

Q3 結果通知をもらい、得点はわかりましたが、自分が受験者全体の中でどのくらいの位置だったのか知りたいです。

A3 日本語能力試験公式ウェブサイト〈www.jlpt.jp〉に、「尺度得点累積分布図」というグラフが載っています。合否結果通知書に書かれている尺度得点とこのグラフを使うと、自分と同じ試験を受けた受験者全体の中で、自分がどの位置にいるかを知ることができます。

Q4 試験の問題用紙は、試験終了後、持ち帰ることができますか。

A4 試験の問題用紙を持ち帰ることはできません。問題用紙を持ち帰ると失格になります。

Q5 試験が終わった後で、正解を知ることはできますか。

A5 正解は公開していません。

Q6 成績をもらったら、思っていた得点と違ったのですが、確かめてもらえますか。

A6 一人一人の得点は、機械処理だけではなく、専門家による厳正な点検をして出しています。受験案内に明記されているように、個別の成績に関する問い合わせには、一切答えられません。

　なお、日本語能力試験の得点は「尺度得点」という得点です。「尺度得点」は、83～84ページの説明のとおり、受験者一人一人の「解答のパターン」をもとに出す得点です。「正しく答えた数」から出される得点ではありません。そのため、自分で思っていた得点とは違う結果になることもあります。

（8）試験の結果通知について

Q1 試験の結果はいつ、どのようにもらえますか。

A1 受験者全員に、合否結果通知書を送ります。日本国内の場合、第1回（7月）試験の結果は9月上旬、第2回（12月）試験の結果は2月上旬に送る予定です。海外の場合は、受験地の実施機関を通じて送りますので、第1回（7月）試験の結果は10月上旬、第2回（12月）試験の結果は3月上旬に受験者に届く予定です。また、2012年からは、インターネットで試験結果を見られるようになる予定です。詳し

くは、2012年9月上旬に日本語能力試験公式ウェブサイト〈www.jlpt.jp〉に掲載します。（ただし、日本国内ではインターネット〈info.jees-jlpt.jp〉による申し込みを行った受験者だけが、試験結果を見ることができます。）

Q2 日本語能力試験の認定に有効期限はありますか。

A2 日本語能力試験の認定に有効期限はありません。また、旧試験の結果（認定）も無効にはなりません。ただし、試験の結果を参考にする企業や教育機関が有効期限を決めている場合があるようです。必要に応じて企業や教育機関に個別に確認してください。

Q3 日本語能力試験の結果は、日本の大学で入学試験の参考資料として使われますか。また、就職のときに役に立ちますか。

A3 日本の大学では、原則として独立行政法人日本学生支援機構が実施する「日本留学試験」の結果を参考にしています。「日本留学試験」を実施していない国・地域からの留学生のために、日本語能力試験の結果を参考にする場合もあります。詳しくは、入学を希望する大学に直接問い合わせてください。また、就職のときの扱いについては、就職したいと考えている企業に直接問い合わせてください。

Q4 勤務先から日本語能力を公的に証明できる書類を提出するように言われました。過去の受験結果について、証明書の発行が受けられますか。

A4 所定の手続きを行えば、希望者には「日本語能力試験認定結果及び成績に関する証明書」を発行しています。申請方法は、日本で受験した人は日本国際教育支援協会のウェブサイト〈info.jees-jlpt.jp〉を見てください。海外で受験した人は日本語能力試験公式ウェブサイト〈www.jlpt.jp〉を見てください。

Q5 合否結果通知書や日本語能力認定書をなくしてしまったのですが。

A5 再発行はできませんが、その代わりに「日本語能力試験認定結果及び成績に関する証明書」を発行することはできます。申請方法は、日本で受験した人は日本国際教育支援協会のウェブサイト〈info.jees-jlpt.jp〉を見てください。海外で受験した人は日本語能力試験公式ウェブサイト〈www.jlpt.jp〉を見てください。

（9）『日本語能力試験 Can-do 自己評価レポート』について

Q1 「認定の目安」と『日本語能力試験 Can-do 自己評価レポート』はどのように違うのですか。

A1 「認定の目安」は日本語能力試験が各レベルで求めている能力水準を示すものです。これに対して、『日本語能力試験 Can-do 自己評価レポート』は受験者からの情報です。各レベルの合格者が「自分は日本語でこういうことができると思う」と考えている内容を表しています。つまり、合格の基準やレベルの水準ではありません。「このレベルの合格者は日本語を使ってどんなことができそうか」というイメージを作るための参考にしてください。

Q2 『日本語能力試験 Can-do 自己評価レポート』に書いてあることは、そのレベルに合格した人みんなができると考えていいですか。

A2 いいえ。これは、合格した人が「・・・ことができると思うか」という質問に対して、4段階の自己評価を行ったものです。表の数字はその平均値です。ですから、できることを正確に表したものではなく、そのレベルに合格した人みんなが必ず「できる」と保証するものでもありません。けれども、合格した人がどのようなことを「できる」と思っているかはわかるので、受験者やまわりの人々の参考情報にはなると思います。

Q3 試験科目には「会話」や「作文」などがないのに、『日本語能力試験 Can-do 自己評価レポート』に「話す」と「書く」の技能に関する記述があるのはなぜですか。

A3 『日本語能力試験 Can-do 自己評価レポート』は、アンケート調査をもとに、各レベルの合格者が日本語を使ってどのようなこと（聞く・話す・読む・書く）ができると考えているかをまとめたものです。日本語能力試験では会話や作文の試験は行っていませんが、受験者やまわりの人々の参考になるように、「話す」と「書く」の技能も含めて調査を行い、レポートにしました。

Q4 受験料、申し込み期限、願書の入手方法など、申し込みのための具体的な手続きを教えてください。

A4 日本で受験したい人は日本国際教育支援協会のウェブサイト〈info.jees-jlpt.jp〉を見てください。海外で受験したい人は受験地の実施機関に問い合わせてください。海外の実施機関は日本語能力試験公式ウェブサイト〈www.jlpt.jp〉で確認できます。

(10) その他

Q1 日本語能力試験の主催者はどこですか。

A1 国際交流基金と日本国際教育支援協会です。
国内においては日本国際教育支援協会が、海外においては国際交流基金が各地の実施機関の協力を得て、実施しています。
台湾では、財団法人交流協会との共催で実施しています。

Q2 日本語能力試験の試験問題の著作権は、だれが所有しますか。

A2 試験問題の著作権は、主催者の国際交流基金と日本国際教育支援協会が所有します。

Q3 今後、日本語能力試験の情報はどこでわかりますか。

A3 日本語能力試験公式ウェブサイト〈www.jlpt.jp〉で随時更新を行います。

日本語能力試験　公式問題集　N2

2012 年　3 月 31 日　初版第 1 刷発行
2015 年　6 月 11 日　初版第 4 刷発行

著作・編集　　独立行政法人　国際交流基金
　　　　　　　〒 160-0004　東京都新宿区四谷 4-4-1
　　　　　　　電話　03-5367-1021
　　　　　　　URL　http://www.jpf.go.jp/

　　　　　　　公益財団法人　日本国際教育支援協会
　　　　　　　〒 153-8503　東京都目黒区駒場 4-5-29
　　　　　　　電話　03-5454-5215
　　　　　　　URL　http://www.jees.or.jp/

　　　　　　　日本語能力試験公式ウェブサイト
　　　　　　　URL　http://www.jlpt.jp/

発行　　　　　株式会社　凡人社
　　　　　　　〒 102-0093　東京都千代田区平河町 1-3-13
　　　　　　　電話　03-3263-3959
　　　　　　　URL　http://www.bonjinsha.com/

印刷　　　　　モリモト印刷株式会社

ISBN 978-4-89358-818-0
©2012 The Japan Foundation, and Japan Educational Exchanges and Services
Printed In Japan
定価は表紙に表示してあります。
落丁・乱丁本はお取り替えいたします。